継体天皇の謎

古代史最大の秘密を握る大王の正体

関　裕二

PHP 文庫

○本表紙図柄＝ロゼッタ・ストーン（大英博物館蔵）
○本表紙デザイン＋紋章＝上田晃郷

はじめに

少し古代史に詳しい方なら、「継体天皇《けいたい》」と聞いただけで、「なるほど、王朝交替の話だな」と、おおよその見当をつけられることだろう。

だが、継体天皇の出現を単純な王朝交替と括《くく》って済ましておくわけにはいかない。裏側には、もっと複雑な要因が秘められているからだ。

たしかに、『日本書紀《にほんしょき》』の記述は、継体天皇が前王朝を滅ぼし、新たな王権をうち立てたかのようなニュアンスを匂わせている。

継体天皇は天皇としての血が恐ろしく薄かったし、薹《とう》の立った北陸の田舎貴族をわざわざ都に連れてきて即位させる理由がはっきりしない。継体天皇が即位しなければならない必然性はなかったのだ。

そのいっぽうで、『日本書紀』に記された先帝の武烈《ぶれつ》の悪行の数々からして、中国の易姓革命《えきせいかくめい》を連想させるに十分だった。

つまり、継体天皇の登場は、新たな王家の誕生であり、王朝交替が起きていて、だからこそ、直前の王家が悪行を繰り返し、これを潰すのは、天命だったといっていることになるわけである。

『日本書紀』によれば、継体天皇は応神《おうじん》天皇の五世の孫であったというが、例えばこれを現代に置き換え、継体天皇を今上《きんじょう》天皇になぞらえると、応神天皇は江戸時代の第百二十代仁孝《にんこう》天皇（幕末に討幕派の公家に暗殺されたのではないかと疑われている孝明《こうめい》天皇の父親にあたる）ということになる。仮に継体天皇の時のように、天皇家の血筋が途絶えたとして、この仁孝天皇の五世の孫を福井県で探し出し即位させようとすれば、大騒ぎになるのではあるまいか。

このように、応神天皇の五世の孫だから即位させたという話は、どう考えても不自然だ、ということになった。ならばどう考えればいいのかと言えば、継体天皇は、前王朝を滅ぼして、即位したのだ、ということになる。

このような、「継体天皇＝新王朝の始祖」という図式は、もはや「常識」になってしまったかのようだ。

しかし、へそ曲がりは、ここで首をひねる。

継体天皇が新王朝として、その王統をついでいた八世紀のヤマト朝廷は、なぜ中国の歴史書のように、王統がすっかり替わってしまったことを、隠す必要があったのだろう。

『日本書紀』は、継体が応神天皇の五世の孫であったといい、また、継体が武烈天皇の姉を皇后《こうごう》に迎え入れ、その末裔《まつえい》が天皇家として存続したのだから、「かろうじて、首の皮一枚のところで」王統は守られた、と主張しているわけである。この曖昧でいて、また往生際の悪さは、いったいなんなのだろう。

それだけではない。

通説が言うように、継体天皇が琵琶湖《びわこ》周辺、あるいは北陸からヤマトの王権を奪取したとしよう。しかも、なんらかの理由で、前王朝とつながりがあるかのように見せかけたとしよう（あるいは、実際に前王朝の女人を娶《めと》っていたかもしれない）。だがそれならば、なぜ継体天皇の「ご先祖様」に、「応神天皇」をわざわざ持ってこなければならなかったのか、その真意がつかみきれないのである。

というのも……。応神天皇の出生には、大きな秘密が隠されているからなのだ。応神天皇の父・仲哀《ちゅうあい》天皇は変死で、しかも急死。それだけならまだしも、密室で亡くなり、その時天皇を看取ったのが、神功《じんぐう》皇后と武内宿禰《たけのうちのすくね》のコンビであった。

奇怪なのは、『古事記』にしたがえば、応神天皇が、仲哀天皇の死後、十月十日以上経ってから生まれ落ちていることで、この計算の合わない根拠を、神功皇后がおまじないに「腰」に石をあてがって我慢していたからだ、とする。

まだまだおかしなことはある。

住吉《すみよし》大社の伝承によれば、仲哀天皇が亡くなった晩、神功皇后と住吉大神《すみのえのおおかみ》は、夫婦の秘め事をしてしまった、というのである。とするならば、応神天皇とは、住吉大神の「御落胤《ごらくいん》」ということになるのだろうか。

この話、いったいどこまで信じればいいのだろう。

それよりも問題なのは、八世紀の朝廷が、継体天皇のご先祖様に、応神という得体の知れない人物をあてがったところに、奇怪な謎が隠されていると思われるのである。

もっとまともな人選も可能だったろうに、なぜよりによって応神天皇でなければならなかったのか。

しかし、PHP文庫の他の拙著を愛読されている奇特な読者であるならば、

「なるほど、応神天皇の五世の孫が継体ということは、継体天皇には、これまで語られてこなかった、もっと深い謎が隠されている、ということだな……」

と、すでに先回りをして、推理を働かせておられるに違いない。

そう、継体天皇の面白さは、まさに、応神天皇の五世の孫であったという伝承のなかにあるとしか思えないのである。

では、これが何を意味しているのか、なぜ継体天皇は応神天皇の五世の孫なのか。そして、本当に継体天皇は、前王朝を乗っ取った新王朝の始祖なのか。謎解きをはじめていこう。

二〇〇四年九月吉日

関　裕二

継体天皇の謎

目次

はじめに

序章　そっくりな初代王

第一章　継体天皇の謎

§第二章§

応神天皇の秘密

第三章

継体天皇とヤマト建国のつながり

§第四章§
東国の雄・継体天皇の謎

§ 終 章 §

継体天皇の正体

序章

そっくりな初代王

る。

◈なぜ「初代王」はそっくりなのか

天皇家は万世一系《ばんせいいっけい》というのが建前だが、日本史には、何人もの「初代王」がいる。

このことはまず、八世紀に編まれた朝廷の正式見解（正史）『日本書紀《にほんしょき》』のなかでそう記されている。

まず、ヤマト朝廷の初代王は、南部九州の日向《ひむか》から瀬戸内海を東に向かった神武《じんむ》天皇（神日本磐余彦《かむやまといわれひこ》）だ。神武天皇は熊野《くまの》からヤマトに入り、土着の兄磯城《えしき》や長髄彦《ながすねひこ》たちを屈服させ、ヤマトに君臨した。文句なしの初代王なのであり、だからこそ、「ハツクニシラス天皇《すめらみこと》」＝「初めてこの国を治めた天皇」と讃えられたわけである。

ところが、奇怪なことに、もう一人、「ハツクニシラス天皇」と称賛された王がいる。それが第十代崇神《すじん》天皇で、なぜこの大王《おおきみ》が「ハツクニシラス」なのかというと、各地に四人の将軍（四道将軍《しどうしょうぐん》）を派遣し、平定させたからだと、『日本書紀』はいう。

この二人の大王が、『日本書紀』の認めた「ふたりのハツクニシラス天皇」である。

さらに、戦後の史学界は、「万世一系の天皇家」は幻想にすぎず、実際には何度も王家は入れ替わっている、という考えを提出した。

そして、神武と崇神は、本来同一の人物であったものを、『日本書紀』がヤマト朝廷の歴史を古く見せかけるために、二人に分けてしまったのだ、と考えた。すなわち、実在した初代のヤマトの大王は崇神にほかならず、神武天皇とは、崇神をモデルに書き加えられた偶像にすぎないとしたのである。

さらに、崇神天皇の王家は、第十五代応神《おうじん》天皇の時代に滅ぼされた、という考えが有力視されるようになった。

その根拠についてはのちに触れるが、簡単にいってしまえば、王家の居場所が、ヤマトから河内《かわち》（大阪）方面に移った、ということなのである。したがって、応神天皇も、もう一人の「初代王」ということになる。

そして、応神天皇の次の「初代王」が、継体《けいたい》天皇ということになる。継体天皇は、応神天皇の五世の孫と『日本書紀』はいい、また越《こし》（北陸地方）から連れてこられた王だという。しかし通説は、このような『日本書紀』の話は怪しいと疑った。その理由についても、のちに触れるが、少なくとも、継体天皇こそが、今上《きんじょう》天皇へとつづく「天皇家」の始祖にほかならない、という考えが一般化したのである。

さて、問題はこれら「常識」となった多くの「初代王」たちが、「そっくり」なことなのである。

たとえば、⑴「初代王」はみな、ヤマトに最初からいたわけではなく、「地方」からやってきている。⑵「初代王」はみな、「神」の名を与えられるか、あるいは「神」と密接にかかわっている。⑶「初代王」が「神」とかかわりを持つのとは矛盾するようだが、「初代王」は、どうした理由からか、「祟《たた》り」と強く結びついている……。という具合である。

古い王家を倒し、新しい政権をうち立てたのだから、似ているのは当たり前?

それが、どうにも様子がおかしい。

彼らは本当に、前王朝を滅ぼした英雄なのであろうか。

いったい何をいわんとしているのか、そのことを知っていただくためにも、「初代王」の共通点がどのようなものだったのかを、もう少しくわしく見てみよう。

◈初代王はみな祟る王?

まず、神武《じんむ》天皇はすでに触れたように、南部九州から海路ヤマトを目指した。その時ヤマトには、抵抗勢力が存在した。神武はこれを打ち破ってヤマトに君臨したわけである。

これに対し、第十代崇神《すじん》天皇はどうだったかというと、この大王ははじめからヤマトにいたことになっている。だがこれは、神武天皇と同一だったのだから、ヤマト入りするまでが神武、それ以降が崇神ということになる。

問題は第十四代仲哀《ちゅうあい》天皇と神功《じんぐう》皇后の間の子・応神《おうじん》天皇である。この大王の出生には多くの謎が隠されているのだが、まず注目すべきは、次の一点だ。

応神が北部九州で生まれたとき、父は亡くなってしまっていたから、皇位継承問題が急浮上した。応神は生まれたばかりの幼子だったが、「正妻の子」ということで、有力な皇位継承候補にたたされてしまった。

そしてこの時ヤマトには、応神の異母兄弟がいて、応神の帰りを力ずくで阻止しようと待ちかまえていたのだ。

『日本書紀』に従えば、神功皇后は軍団を率いて瀬戸内海をヤマトに向かい、敵を蹴散《けち》らしたのだった。

このように、「初代王がヤマトの外からやってきた」という話は、古代史の鉄則のようなイメージがある。この本の主人公である継体天皇も、九州ではないが、越《こし》（北陸地方）からヤマトを目指したのであり、「ヤマトの外からやってきた」という点に関しては、共通である。

「初代王」の共通点はそれだけではない。

神武、崇神、応神、どうしたことか、みな「神」の漢風諡号《かんふうしごう》が与えられている。

これらの漢風諡号は、八世紀の『日本書紀』の編者が書いたものではなく、『日本書紀』編纂《へんさん》後四十年ほどのちに、淡海三船《おうみのみふね》が考案したものにすぎない。しかし、だからといって、意味がないというわけではない。淡海三船の知識のなかで、これら三人の天皇に「神」の名を与えるだけの材料がそろっていた、ということであろう。

『日本書紀』のなかで、このような「神」の名を持った人物は、あと一人、神功皇后なのだが、問題は、このような「神」の名が持つ意味である。

これを、現代人的感覚で、「神のような英雄」「神のような知恵と力をもった人」と考えたら、分かることも分からなくなってしまう。

たしかに、神武天皇は、南部九州から軍団を率い、ヤマトに乗り込んだ英雄だ。

だからこそ、「神のような勇敢な人」という印象は強い。

応神天皇にしても、神功皇后に降りた託宣《たくせん》によって、朝鮮半島の新羅《しらぎ》を手に入れ（もちろん事実であったかどうかは別にして、『日本書紀』にはそう書いてある）、ヤマトに凱旋《がいせん》し、政敵を蹴散らしたのだから、「神業《かみわざ》」「神がかり」の人であったことは間違いない。

しかし、このことは本編でもう一度くわしく触れるし、他の拙著のなかで何度も触れたように、古代日本で「神」といえば、実際には「祟《たた》る鬼」を意味していたのである。このあたりの事情を軽視して、「神のような天皇」の意味を取り違えてはならないだろう。「神」の名を与えられた天皇とはようするに、「鬼のように祟る恐ろしい天皇」にほかならないのである。

一人継体《けいたい》天皇のみ、「神」の名は冠せられていない。しかし、「応神」の五世の孫というのだから、この人物も、「神」とまったく無関係なわけではない。

◈応神天皇の祟り

「神」の名を冠せられたことの意味が分かってくると、三つ目の初代王をとりまく共通点は、むしろ当然だったことになる。「初代王」は、「祟り」と深い関係にあった。

もっとも分かりやすいのは、崇神《すじん》天皇だろう。

『日本書紀』によれば、崇神天皇の治政は、はじめなかなかうまくいかなかったらしい。崇神天皇五年のことだ。国内に疫病《えきびょう》がはやり、人口は半減してしまった。翌年には、百姓たちが土地を捨て流浪し、不穏な空気さえ漂いはじめたのだという。

七年の春二月、崇神天皇はたまらず占いをしてみると、神が倭迹迹日百襲姫命《やまとととひももそひめのみこと》に憑依《ひょうい》し、崇神が神意を問うと、出雲神《いずもしん》の大物主神《おおものぬしのかみ》を名乗り、「私の子《こ》、大田田根子《おおたたね》をもって私を祀《まつ》らせれば、世は平静を取り戻すだろう」と告げた。そこで神託どおり大田田根子を探してみると、茅渟県《ちぬのあがた》の陶邑《すえのむら》（和泉《いずみ》国大島郡。現在の大阪府堺市）で見つかった。大物主神を祀らせてみると、神託どおり世は平静を取り戻したという。

それにしても、なぜヤマトの混乱を、大物主神を祀ることによっておさめることができたのだろう。『古事記《こじき》』は、この一連の事件について、「大物主神の祟り」であったと指摘している。つまり、崇神天皇は、出雲神の祟りに脅かされていた疑いが強いのである。

応神《おうじん》天皇の場合、本人が祟っていたのではないかという疑いがある。

出雲神大物主神を祀る三輪山（天香具山付近からのぞむ）

応神天皇は北部九州で生まれ、その直後ヤマトに向かった。

ここで問題なのは、応神が北部九州で生まれてヤマトに凱旋するまで、応神の母・神功《じんぐう》皇后たちは、さかんに呪術《じゆじゆつ》合戦をくり広げていたことなのだ。応神のヤマト入りは、けっして単純な武力侵攻ではなかった。

『古事記』は、瀬戸内海を東に向かった神功皇后が、「御子《みこ》（応神）はすでに亡くなられた」と言って敵を欺いたのだと記している。また、遺骸を乗せた「喪船《もふね》」を用意したともいう。

どうにも不気味な光景だが、この「御子は亡くなった」というデマは、応神の祟りを暗示しているのである。なぜそうなのかについては、のちに詳述する。ただ、ひとつだけ述べておくと、応神に関わりの深い九州の宇佐神宮《うさじんぐう》にしろ、宗像《むなかた》大社にしろ、その後「祟る神」と恐れられ続けたのは、応神そのものが祟る神と考えられていたからだろう。

◈継体天皇の祖はみな祟る?

ところで、継体《けいたい》天皇の祖は応神《おうじん》天皇と『日本書紀』はいうが、『日本書紀』以前に成立していたとされる『上宮記《じょうぐうき》』という文書には、継体の祖が凡牟都和希王《ほむつわけのみこ》であったと記されている。

いっぽんに、この凡牟都和希王は応神天皇(誉田別命《ほむだわけのみこと》)のことだと考えられている。だが、『日本書紀』には応神天皇とはまったく無関係の「ホムツワケ」という人物が登場しているため、「ホムツワケ」と「ホムダワケ」は別人ではないのか、とする説もある。

継体天皇の祖がホムツワケなのかホムダワケなのか、という問題も継体天皇をめぐる謎のひとつなのだが、ここで指摘しておきたいのは、『上宮記』の記した継体のもうひとりの祖・ホムツワケという人物も、やはり「祟り《たた》」と関わりが深かったことなのである。

第十一代垂仁《すいにん》天皇の話だ。垂仁天皇と皇后・狭穂姫《さほびめ》の間の子・誉津別王《ほむつわけのみこ》は三十八歳になりヒゲがふさふさになっても（八掬鬚髯《やつかひげ》）、泣きやまぬこと幼児のようで、言葉を発しなかったという。天皇は憂え、みなに相談してみたりもした。

そんなある日、宮の上空に白鳥（鵠《くぐい》）が飛んできた。すると誉津別王はそれをみて、

「あれはなんでしょう」

と言葉を発したのだった。

天皇は喜び、白鳥を捕らえるように命じた。白鳥は出雲で捕らえられ、誉津別王に献上され、王は言葉を話せるようになったというのである。

いっぽう、『古事記』の場合、なぜ誉津別王が口をきけなかったのか、その理由がはっきりと書かれている。

垂仁天皇の皇子・本牟智和気《ほむちわけ》（誉津別王）は、やはり言葉を話すことができなかった。ところがある日、空高く飛ぶ白鳥（鵠《くぐい》）の鳴く声を聴いて、はじめて口を動かし、片言をしゃべったという。そこでこの白鳥を追わせ、ようやく捕まえることができたのだった。

ただし、本牟智和気は、これで口がきけるようになったわけではなかったと『古

事記』はいう。

では、その後どうなったのか。垂仁天皇の夢枕に出雲《いずも》の神が現れ、次のように教え諭したという。

「我が宮を天皇の宮と同じようにつくり整えたならば、御子は必ず話せるようになるだろう」

ということなので、御子はお供を引き連れ、出雲に赴いたのだった。出雲の大神を参拝し終えた一行は、肥河《ひのかわ》（斐伊川《ひいかわ》）に仮宮《かりみや》を建て、そこで出雲国造《いずものくにのみやつこ》の祖にあたる人物の饗応を受けた。その場で御子は、とうとう言葉を発した、というのである。

この『古事記』の文面に従えば、本牟智和気の言葉の障害は「祟り」であり、それは出雲神の「御心」だったというのである。

このように、継体天皇の祖・応神天皇も、あるいはこちらが本当の祖であったかもしれない誉津別王も、どちらも祟りと関係が深かったことがはっきりと分かる。

◈神武は呪術合戦に勝ってヤマトに入った

南部九州から瀬戸内海を東進し、ヤマトの初代王に君臨したという神武《じんむ》天皇も、

「崇《たた》り」とは関わりが深い。

神武天皇のヤマト入りは、「東征」と呼ばれ、武力ですべてを片づけたと思われがちだが、実際には、応神のヤマト入り同様、「呪術合戦《じゆじゆつ》」であり、最終的には、ヤマトの土着勢力の「恭順」によって、けりがついていたのである。

その証拠に、神武天皇は大阪方面からのヤマト入りに、まず失敗し、兄を戦死させている。これは、土着勢力の一派、長髄彦《ながすねひこ》の抵抗だったのだが、この時神武は、「日《ひ》の御子《みこ》」である自分が、太陽に向かったからいけなかったのだ、と気づき、紀伊半島を大迂回し、熊野からのヤマト入りを目指したという。

しかし、神武が敗れたのは、「日の御子が東を向いて戦った」からではなく、実際には、「弱かった」から、あるいは「兵力で圧倒された」からにほかならない。

では、なぜこののち神武はヤマト入りに成功したかというと、最大の原因は、「天香山《あまのかぐやま》（天香具山）の呪術」をしたからだ。

ヤマトを目前にした神武だったが、ヤマトの土着勢力の布陣を見て、とてもではないが、かなわないと思われた。

するとその夜、夢のなかに天神《あまつかみ》が現れ、次のように教え諭した。

「天香山の社の中の土を取って、天平瓮《あまのひらか》（平らな土器）をつくり、また厳瓮《いつへ》（甕《かめ》）

ヤマト朝廷がもっとも重視した霊山・天香具山

をつくって天神地祇《てんじんちぎ》を敬い祀《まつ》れ。さらに厳呪詛《いつのかしり》を行え（呪いをかけろ、ということ）。そうすれば、敵はおのずと降服してくるだろう」

そこで神武は教えのままに行動すると、負けない身になったと確信し、ヤマトを制圧してしまったのである。

このように、神武東征は、単純な武力制圧ではない。呪術がなければ神武は敗退していたはずである。

逆に言うと、神武天皇は、誰にも負けない霊的な力をもっていたということであり、その霊的な力の源泉はどこにあったのかといえば、神武が神のような人物であり、ここに言う神とは、「祟る鬼」そのものにほかならない、ということである。

つまり、神武天皇は、祟ると考えられていて、だからこそヤマトに乗り込むことができたわけである。

このように、歴史に登場する「初代王」には、なぜか共通点が見いだせるのである。

しかもそれが「神」であり「祟り」であるところに、日本史の謎が秘められているのではないだろうか。

少なくとも、これだけは言えるのではあるまいか。すなわち、「天皇（七世紀以前は大王《おおきみ》）」とは、強い武力によって他を圧倒したのではなく、人智では計り知れない力をもっていたからこそ、みなに恐れられ、王に擁立されたのではなかったか、ということなのである。

とするならば、継体《けいたい》天皇一人だけが例外であったとは思えないのだ。いったい、なぜ継体天皇は必要とされたのか、なぜ応神天皇の五世の孫とされる人物を、北陸から連れてくる必要があったのか。その謎解きをはじめてみよう。

第一章
継体天皇の謎

◈なぜ応神五世の孫・継体は即位できたのか

継体《けいたい》天皇は、古代日本史最大の謎といっても過言ではないが、その継体天皇をめぐる謎の根本は、なぜ応神《おうじん》天皇の五世の孫という、皇族としてはぎりぎりの人物が即位できたのか、ということであろう。しかも北陸にくすぶる田舎貴族である。どこの馬の骨か知らぬと、難癖をつけられてもおかしくはない人物なのである。それに、継体の方が望んで王位に就いたわけではない。ヤマト側が、ぜひにと、頭を下げたわけである。

どうにも不可解きわまりない。

ただし、『日本書紀《にほんしょき》』の言い分は、はっきりしている。先帝武烈《ぶれつ》天皇に子がなかったため、やむを得ない処置だったのだ、とする。

このあたりのいきさつと継体天皇の系譜を、まず『日本書紀』の記述から追ってみよう。

継体天皇即位前紀には、おおよそ次のような継体天皇のプロフィールが記されている。

継体天皇（男大迹天皇《おおどのすめらみこと》。またの名は彦太尊《ひこふとのみこと》であったとある）は、誉田天皇《ほむだのすめらみこと》

（応神天皇）の五世の孫で、彦主人王《ひこうしのおおきみ》の子どもで、母を振媛《ふるひめ》という。振媛は、活目《いくめの》天皇《すめらみこと》（垂仁《すいにん》天皇）の七世の孫であったという。

継体天皇の出生のいきさつは、おおよそ次のようなものであったという。近江国《おうみのくに》の高島郡《たかしまのこおり》三尾《みお》（滋賀県高島市安曇川町《あどがわちょう》）の彦主人王は、振媛が美貌の持ち主と知り、使いを遣わし、越前《えちぜん》国三国《みくに》の坂中井《さかない》（福井県坂井市三国町・坂井町周辺）に迎えて妃にした。そして継体が生まれたが、父はすぐに亡くなってしまっ

継体天皇系図

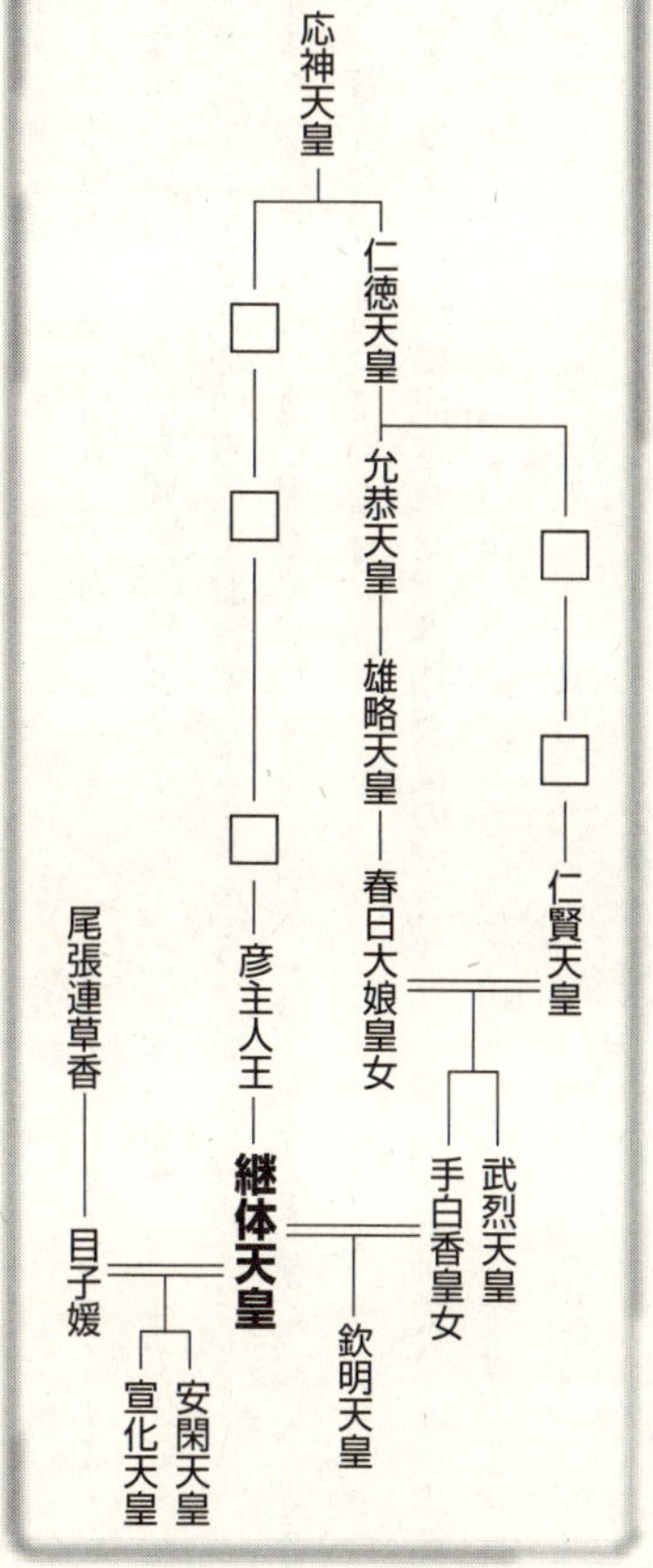

た。振媛は嘆き悲しみ、

「こうして故郷から遠く離れて暮らしている。どうして父母に孝養を尽くすことができようか。高向《たかむく》（坂井市丸岡町）に帰り、この子（『日本書紀』にはすでにこの時点で「天皇」と記されている）をお育てしようと思う」

天皇はこうして高向の地ですくすくと育ち、成人した。人をこよなく愛し、賢者を敬い、寛容な心を持っていたという。

これが『日本書紀』に記された、継体天皇のプロフィールだ。応神天皇五世の孫という系譜は、とてもではないが、皇位継承者として相応しくない。では、なぜ継体天皇がヤマトに連れて行かれることになったのか、ここからその説明がつづいて記されている。

武烈八年冬十二月のことだ。継体五十七歳というから、もうすでに初老といっていいだろう。平均寿命の今よりも短かったであろうこの時代ならば、もはや正真正銘の老人と言ってもいいぐらいではないだろうか。この時、ヤマトでは、武烈（小《お》泊瀬天皇《はっせのすめらみこと》）が崩御《ほうぎょ》（崩御とは天皇が亡くなられたことをいう）されていた。武烈には子どもがいなかったから、「継嗣《けいし》絶《た》ゆべし」、つまり、ここに武烈の王統は断たれてしまったというのである。

◆継体天皇の誕生

そこで大伴金村大連《おおとものかなむらのおおむらじ》が、次のように言い出した。

「いままさに後継者はなく、天下の人民は、誰に従えばいいのか迷っております。古来、わざわいは、こうして起きるものです。ちょうど仲哀《ちゅうあい》天皇（足仲彦《たらしなかつひこ》天皇、神功《じんぐう》皇后の夫で応神《おうじん》天皇の父）の五世の孫の倭彦王《やまとひこのおおきみ》が丹波国《たにわのくに》の桑田郡《くわたのこおり》にいます。願わくは、ためしに兵を整え乗輿《みこし》を護り、お迎えしてみてはいかがでしょう」

みなこの策を受けいれ、さっそく兵が差し向けられた。ところが、倭彦王は、遥か彼方から兵の向かってくる姿を見て、恐れ、色を失い山に遁走し、行方不明になってしまったというのである。

翌年（元年）春正月。大伴金村大連は、今度は男大迹王《おおどのおおきみ》に白羽の矢を立てた。

「男大迹王は慈悲深く、孝の気持ちにあふれております。天位を継承されるに相応しい方です。ですから、願わくは、ていねいにお誘いして、即位いただきましょう（帝業《ていぎょう》を紹隆《しょうりゅう》せしめむ）」

というのだ。

物部麁鹿火大連《もののべのあらかひのおおむらじ》と巨勢男人大臣《こせのおひとのおおおみ》たちは、

「男大迹王をおいて他には、相応しい方はいらっしゃらないでしょう」

と同意した。

そこで、正式な使いを三国に差し向けてみた。すると男大迹王は胡床《こしょう》にどかりと座り、陪臣《ばいしん》を侍らせ、その落ち着いた様は、まるですでに「帝《みかど》」のようであったという。

遣わされた使者は、その様子にいよいよかしこまり、心から忠誠を誓いたいと願った。

だが、男大迹王は疑いの念を抱き、なかなか首を縦に振らなかった。

そんなおりもおり、河内馬飼首荒籠《かわちのうまかいのおびとあらこ》（河内で馬の飼育に従事していた一族）が密かに男大迹王に使いを出し、ヤマト朝廷の申し出が本気であることを伝えたのだった。

こうして、使者が現れて二日三夜にして、ようやく男大迹王は腰を上げたのだった。

この時男大迹王は、次のように嘆いてみせている。

「馬飼首のおかげだ。もしお前が使いを遣わさなければ、天下の笑い者になっているところであった。世の人が、『貴賤《きせん》を問うな。その心を重視しろ』というのは、河内馬飼首荒籠のような者のことを言うのであろう」

　こういって、男大迹王は荒籠を寵遇したのだった。

　こうして樟葉宮《くすはのみや》（大阪府枚方《ひらかた》市楠葉《くずは》）についた男大迹王は、翌月の二月、即位し、大連らの人事を整えたのである。

　ここで大伴大連は、後宮《こうきゆう》と仲睦まじくして、皇太子をはっきりと決められないと、天下を統治することはできない、と進言した。そして、先帝・武烈《ぶれつ》の姉にあたる手白香皇女《たしらかのひめみこ》をたてて皇后に勧めたのだった。さらに、神祇伯《じんぎはく》を遣わして、天神地《てんじんち》祇《ぎ》を祀らせ、皇子が生まれるように祈禱《きとう》させたのである。

　大伴大連が男大迹王に嫡子のいないことを憂い、このことに男大迹王は応え、手白香皇女を、丁重に迎え入れ、皇后に立てたのだった。こうして生まれた嫡子が天国排開広庭尊《あめくにおしひらきひろにわのみこと》（欽明《きんめい》天皇）である。

　もっとも、男大迹王は若くして、すでに尾張連草香《おわりのむらじくさか》の娘・目子媛《めのこひめ》を娶《めと》っていた。そして勾大兄皇子《まがりのおおえのみこ》（のちの安閑《あんかん》天皇）と檜隈高田《ひのくまのたかた》皇子（のちの宣化《せんか》天皇）が生まれていた。また、その他の妃《きさき》に多くの御子《みこ》がいたのである。

『日本書紀』がこれらの中に嫡子がいないというのは、豪族層の女人の子であったことと、八世紀の天皇家が欽明天皇の末裔であったことが大きな意味をもっていると考えられている。

◈なぜ継体が求められたのか

これが『日本書紀』に記された、継体《けいたい》天皇誕生にいたるいきさつである。

これに対し『古事記《こじき》』は、第二十四代仁賢《にんけん》天皇から第三十三代推古《すいこ》天皇にいたるまで、天皇の系譜を記しているだけだから、当然継体天皇についてもいたって簡潔に、次のような系譜のみを述べている。

すなわち、品太王《ほむだのみこ》（応神天皇）の五世の孫、袁本杼命《おおどのみこと》（男大迹王《おおどのおおきみ》、継体天皇）は、伊波礼《いわれ》の玉穂宮《たまほのみや》にあって天下を治めていたとし、このあと、后妃《こうひ》、皇子皇女の名を羅列《られつ》している。

ただし、『古事記』の武烈天皇の段には、次のようにある。

すなわち、武烈天皇の崩御《ほうぎょ》後、皇位を継承する者がいなかった。そこで品太天皇の五世の孫、袁本杼命に近淡海《ちかつおうみ》国から上っていただき、手白髪命《たしらがのみこと》（手白香皇女《たしらかのひめみこ》）を娶《めと》らせ、天下をお授け申し上げた（天《あめ》の下《した》を授《さづ》け奉《まつ》りき）、というのである。

『日本書紀』と『古事記』の違いは、継体天皇の出身地の差にある。

『日本書紀』は北陸といい、『古事記』は、近淡海＝琵琶湖のある滋賀県周辺だったとしているのである。

どちらが正しいのか、はっきりしたことは分かっていない。ただ、北陸から琵琶湖周辺にかけてが継体のテリトリーであったことは間違いないだろう。

ところで、これら『古事記』や『日本書紀』よりも早く記された文書とされる『上宮記《じょうぐうき》』には、継体天皇の系譜が、詳細に記されている。

ちなみに、『上宮記』という文書は、現存しない。だが、鎌倉時代に記された『日本書紀』の解説書のなかに、『上宮記』の一説が引用されていたので、その内容が今に伝わっている。

漢字の羅列なので、すべてを転記しても眠くなるだけだろうから、大切な部分だけを記しておこう。

まず、継体天皇にいたる父方系譜の頂点に、凡牟都和希王《ほむつわけのみこ》がいる。その子が若野《わかぬ》毛《け》二俣王《ふたまたのみこ》、その子が大郎子《おおいらつこ》、その子が乎非王《をひおう》、その子が汗斯王《うしのみこ》とある。この汗斯王が、『日本書紀』の言うところの彦主人王《ひこうしのおおきみ》で、汗斯王が弥乎国《みおのくに》高嶋宮で暮らしていたとき、三国坂井県《みくにさかいのあがた》の布利比弥命《ふりひめのみこと》を娶って生まれたのが、乎富等大公王《おほどのおおきみ》だったという。

乎富等大公王の父が亡くなると、母の布利比弥命は、親族のいない土地で、母一人、子一人で暮らすことはできないといい、親族の住む多加牟久《たかむく》村（高向）に移り住んだというのである。

これら三つの文献の記述から分かることは、継体天皇は琵琶湖周辺から北陸にかけてが勢力圏であったこと、応神天皇の五世の孫らしい、ということである。

それにしても、なぜ継体天皇はヤマトに連れてこられたのか、これだけでは、はっきり理解できない。

◈先帝武烈の悪癖

継体《けいたい》天皇誕生の原因を、先帝の武烈《ぶれつ》天皇の仕業だったと暗示しているのは『日本書紀』である。

これはどういうことかというと、武烈天皇が、前代未聞の悪徳の天皇だったと、記録しているのである。

その例をいくつか取りあげてみよう。

まず武烈二年秋九月には、妊婦の腹を割いて胎児《たいじ》を見てみたという目を疑いたくなるような悪行がはじまっている。

三年の冬十月には、人の爪を剥がし、その手で、山芋を掘らせた。四年夏四月には、人の髪の毛を引き抜き、また、木に登らせておいてその木を斬り倒して殺して喜んだ。

五年夏六月には、人を池に放り込み、外に流れ出てくるところを三叉《みつまた》の矛《ほこ》で刺し殺し、喜んだ。七年春二月には、木に登らせた人を弓で射落とし、笑い転げた。

さらに『日本書紀』は、武烈の悪行の数々を書き連ねるが、これ以上ここに紹介しても意味がないし、その表現があまりに猟奇的《りょうきてき》でハレンチなので、このあたりで止めておこう。武烈天皇は、人びとが飢え、凍えているときも、酒池肉林《しゅちにくりん》をくり広げたといい、ようするに『日本書紀』は、武烈天皇が悪徳の王であったといっているわけである。

天皇家の正統性や正当性を証明するための文書のなかで、なぜこのような暴君の姿を、そのまま記録してしまったというのだろう。

これら武烈天皇の行為は、中国の『列女伝《れつじょでん》』などの文書から引用したものであって、現実に武烈天皇の行いであったとは思えない、と考えられている。では、なぜこのような記述を行ったのかといえば、前政権を打ち倒し、新たに君臨した継体天皇の正義を証明するためにほかならない、ということになったわけだ。

このような、前王朝の悪政を根拠に、新王朝の樹立の正当性を求めるやり方は、中国の歴代王朝の常套《じょうとう》手段で、これをあちらでは、王家の姓が変わるところから、「易姓革命《えきせいかくめい》」と呼んでいる。

中国では、王家が入れ替わるのは前王家の腐敗をただすために、天命《てんめい》によって新たな王が立たされた、と解釈する。いわゆる万世一系という発想は、根本から欠如しているわけである。

ちなみに、中国の歴史が克明に残されているのは、各王朝がせっせと歴史書を編纂《へんさん》し、前王朝を打ち倒したことの正義を証明しようと励んだためであった。

ただし、中国の易姓革命と継体天皇の出現には、決定的な差がある。というのも『日本書紀』は、あくまで継体天皇を「天皇家の一員」としているからだ。たしかに武烈天皇に過失はあったが、だからといって、王家が入れ替わったわけではない、としているのである。

継体天皇は応神天皇の五世の孫であり、しかも、武烈天皇の姉を娶って皇后とし、ここから生まれ落ちた皇子が、今日にまでつづく天皇家につながっていったというのだから、明らかに「王統の断絶」を否定している。

では、このような『日本書紀』の態度を、どう解釈すべきなのか。

そこでしばらく、継体天皇の登場が何を意味しているのか、これまでにどのような説が飛び出してきたのか、まずその概略を追ってみなければならない。

◈戦後史学界を蹂躙した騎馬民族征服説

古代日本社会がたびたび朝鮮半島から渡ってきた人びとに席巻され蹂躙《じゅうりん》されたという発想、あるいは、王家が入れ替わることが何回もあったという発想がある。しかも、かなり熱狂的に支持されてきたものだ。

戦後の史学界を震撼《しんかん》させた江上波夫《えがみなみお》氏の「騎馬民族征服説」と、水野祐《みずのゆう》氏の「王朝交替説」がもっとも有名だ。そして、なぜ継体《けいたい》天皇が前王朝を滅ぼしたと考えられるようになったのか。これら二つの考えを踏まえてみると、はっきりと分かってくる。

江上波夫氏が騎馬民族征服説を唱えたのは、戦後間もない一九四九年のことだ。いったいなぜ、騎馬民族が日本を蹂躙したというのだろう。だいたい、騎馬民族とはどこからやってきたのか……。

江上氏の説を、まとめてみよう。

まず、江上氏は、四世紀前半、中国大陸の五胡十六国《ごこじゅうろっこく》の争乱などによって北方騎馬民族で扶余《ふよ》系の人びとが南下し、日本に渡来したのだとする。

いっぽう、江上氏は、日本の状況を次のように考えた。日本では弥生時代には、いくつもの文化圏、政治・社会圏が誕生していたが、ひとつにはなかなかまとまらなかった。それというのも、農耕を生業とし、定住する人びとは、地方に割拠《かっきょ》する習性があったという（本当だろうか？）。そういうわけで、強大な国家はなかなか誕生せず、侵略者に対して対抗する力もなかったとする。

このため、四世紀末から五世紀初頭には、渡来した騎馬民族の手で、畿内に強大な王権が誕生したというのだ。その証拠に、古墳文化は前期と後期で変化していたと江上氏は言う。後期にはいると古墳自体が巨大化したのみならず、前期には呪術的だった副葬品に変化が現れた。武器や馬具が目立つようになり、このころ、騎馬の習慣が普及したのだろうと指摘し、ようするに、その理由を、騎馬民族国家の誕生に求められる、としたのである。

ところで『日本書紀』には、ヤマト朝廷は神功《じんぐう》皇后の新羅《しらぎ》征討など、ヤマト朝廷誕生後、それほど間をおかずに（四世紀ごろのことか）、さかんに朝鮮半島南部に遠征をしていたかのように記しているが、農耕民族が海外に征服活動をおこなう例はほとんどないこと、少なくとも前期古墳文化には、武力的要素は欠如していると指摘している。とするならば、後期古墳文化への発展の担い手は農耕民族ではありえない、という。すなわち、日本列島の人びとが朝鮮半島南部に進出した結果、あちらの文化を取り込んだとは考えられず、その逆を想定した方が自然というのだ。

そして江上波夫氏は、騎馬民族征服説の根拠を、おおまかに、次のように説明している。

(1)古墳文化が前期と後期で根本的に異質。
(2)(1)の変化があまりにも急激だった。
(3)農耕民族は保守的で他の文化を受けいれたり、自ら改革に乗り出すことをしない。
(4)後期古墳文化は、大陸や半島の北方系騎馬民族文化複合体がそのままそっくり、何者かによって導入されたとしか考えられない。
(5)もともと牛馬が少なかったのに、後期古墳文化の時代には、盛んに馬の飼育が行われるようになった。
(6)後期古墳文化は王侯貴族的、騎馬民族的な文化で、武力による日本征服をほのめかしている。
(7)後期古墳の所在地と軍事要地は重なっている。

(8)騎馬民族は世界史的に見ても海をよく渡る。したがって、彼らが朝鮮半島南部にやってきたのなら、当然日本列島にも渡ったであろうこと。

この八つの「証拠」をかかげた江上氏は、次のように結んでいる。

だいたい以上の八つの理由によって、私は前期古墳文化人なる倭人《わじん》が、自主的な立場で、騎馬民族的大陸北方系文化を受けいれて、その農耕民的文化を変質させたのではなく、大陸から朝鮮半島を経由し、直接日本に侵入し、倭人を征服・支配したある有力な騎馬民族があり、その征服民族が、以上のような大陸北方系文化複合体をみずから帯同《たいどう》してきて、日本に普及させたと解釈するほうが、より自然であろうと考えるのである（『騎馬民族国家』中公新書）。

このように見てくれば、江上氏の主張はもっともなようにも思えてくる。また、この考えが一時広く認められたのも事実である。たとえば、天才漫画家・手塚治虫《てづかおさむ》氏も『火の鳥』のなかで、江上説そのままに、日本列島を征服した騎馬民族をストーリーに組みこんでいる。

◈もはや騎馬民族征服王朝説は通用しない

江上氏の唱えた騎馬民族征服王朝説の魅力は、なんと言っても、日本国内という狭い視野にとどまらなかったことだろう。

江上氏が日本古代史の専門家ではなく、ユーラシア北方文化に精通した高名な学者だったことも、意味をもっていた。発想のスケールの大きさに、多くの人が度肝を抜かれたのである。

そして波紋は、日本だけではなく、朝鮮半島の史学界にも広がっていった。古代日本が朝鮮半島に軍事遠征をしたという記述が双方の歴史書に残り、さらには近代日本が半島を支配した、という屈辱があったから、江上説は溜飲《りゅういん》の下がる思いだったのだろう。この結果、江上説は海を越えて支持者を獲得するに至った。そして古代の日本は、渡来人に支配されていたのであり、その文化はすべて朝鮮半島から渡っていったもの、という発想につながっていったのである。

だが、考古学の進展によって、江上氏の推理は、もはや通用しなくなっている。

例えば、日本の「乗馬の風習」という観点から見ても、江上説は成り立たないとされている。というのも、江上氏は騎馬民族が四世紀には渡来していたとするが、

「乗馬の風習」は、五世紀にはじまること、しかも、「ある時期を境に画期的に乗馬の風習が広まった」という証拠は、どこにもない。また、日本における騎馬、乗馬の文化は、騎馬民族のそれとは、似て非なるもので、例えば騎馬は戦闘用の実用品というよりも、「装飾品」「威信財《いしんざい》」として活用されていた面が強い。馬に乗るとき、日本では大陸とは逆側から乗っていた、という指摘もある。

とにもかくにも、古代史や考古学の専門家は、もはや騎馬民族征服王朝説には見向きもしないというのが現状といえる。

騎馬民族征服王朝説を真っ向から否定してかかる佐原真《さはらまこと》氏は、史学界でほとんど無視される江上氏の発想が、一般の人びとに注目され、歓迎されたという現象について『騎馬民族は来なかった』（ＮＨＫブックス）のなかで、「かつて、騎馬遊牧民族征服王朝説という仮説がありました」と挑発的に言及し、次のように指摘している。

戦時中には、日本神話が史実として扱われ、神武以来の万世一系の歴史が徹底的に教えこまれました。江上説には、それを打ちこわす痛快さ、斬新さがあり、解放感をまねく力がありました。また、人びとの心の奥底では、日本が朝鮮半島や中国などに対して近い過去に行なってきたことの償いの役割を、あるいは果たしたのかもしれません。

また、江上氏の推論の立て方そのものが間違っている、とするのが小野山節《おのやません》氏である。

小野山氏は『古代史発掘　6』（講談社）のなかで、江戸時代から明治時代へという「変革」の例を出して、騎馬民族征服王朝説に疑問を投げかけている。

第一に明治時代に政治の根幹であった帝国憲法についても、第二に軍備、諸建造物、服飾品においても、第三にアジアの情勢からみても、ヨーロッパ人が新鋭の艦船と軍備をもって侵入してきて、丁髷《ちょんまげ》をゆい着物を身にまとった在来の列島人を征服して、強力な支配体制の国家を樹立したということにならないだろうか。江戸時代の天皇または将軍と明治天皇を比べてみると、明治天皇は整髪し、口髭をたくわえ、大礼服に威儀を正して、まさに十九世紀ヨーロッパの支配者にみえる。

まさにそのとおりで、戦後の日本のアメリカナイズ、という事実も忘れてはなるまい。

征服劇がなくとも、突発的な文化の変化、受容は日本史の中で、当たり前に起こることなのだ。

このように、騎馬民族征服王朝説は、まず成り立たないと考えたほうがよく、騎馬民族による日本列島蹂躙、という推論は、まずここで消える。

◈三王朝交替説の衝撃

それでは、水野祐《みずのゆう》氏の王朝交替説とは、いかなる考えなのであろう。

水野祐氏は昭和二十七年、江上波夫《えがみなみお》氏の騎馬民族征服王朝説に触発される形で、「三王朝交替説」を唱えた(『日本古代王朝史論序説』早稲田大学出版部)。これは、『古事記』や『日本書紀』の記述を重視したもので、たとえば、天皇の亡くなられた干支《えと》、天皇の諡号《しごう》などにより、古代の王朝の実態を解明しようとするものだった。

水野氏はまず、万世一系《ばんせいいっけい》の天皇家というものは幻想にほかならないとし、大化改新《たいかのかいしん》以前に、少なくとも三つの王家が入れ替わっていると推理した。しかもその王家それぞれに、血縁関係はなかった、というのである。

では、なぜ複数の王朝が存在したにもかかわらず、八世紀に編まれた『日本書紀』は神武天皇以来、綿々と王家がつづいたかのように記録したのかというと、それは、「律令制官僚統一国家機構《りつりようせいかんりよう》」が確立されるちょうどその時、社会秩序の基本的な姿を、「系譜的なもの」に求めたからとする。

そして、水野氏は、三つの王朝は、次のように変遷していったと説明している。まず、日本の最初の王朝の開祖は、『日本書紀』に登場する第十代崇神《すじん》天皇であったという。なぜなら、それ以前の天皇は、みな『古事記』のなかで「崩年干支《ほうねんかんし》」がなく、実在は危ぶまれると判断したからだ。

そして崇神天皇は、西暦二百年頃奈良盆地にすでに誕生していた「先王朝」を継承して、事実上の日本で最初の王朝をうち立てたとする。『日本書紀』に言うところの十四代仲哀《ちゆうあい》天皇までが、この第一次ヤマト王朝の王家ということになり、先王朝と崇神王朝の二つを合わせて「古王朝」とする。

先王朝は司祭的な王を立て、かたや崇神王朝は「呪教王朝」であり、祭祀権は分立していたが、なお呪術的支配の濃厚な王朝であったという。

崇神王朝の滅亡は、仲哀天皇の九州遠征に求められるという。すなわち、『日本書紀』には、仲哀天皇が南部九州の熊襲《くまそ》（隼人《はやと》）と戦い、その戦闘の直後に亡くなられたと記されるが、この熊襲は、ようするに『魏志《ぎし》』倭人伝《わじんでん》に登場する「狗奴国《くなこく》」で、その戦闘に敗れたことで、「古王朝」は滅亡した、とするのである。

水野説に従えば、古王朝の滅亡は三世紀のなかばということになる。

この「古王朝」の次が「仁徳王朝《にんとく》」と「後仁徳王朝」の「中王朝」で、これは仲哀天皇を滅ぼした「狗奴国」であり、征服王朝だったという。

すなわち、南部九州の狗奴国が東遷し、ヤマトを征服したのが「中王朝」であり、『日本書紀』に言うところの第十六代仁徳天皇を始祖とするのだとした。

ちなみに、この狗奴国のヤマト入りが、『日本書紀』に言うところの神武東征説話になった、と水野氏は推理した。

ところで、『日本書紀』から「中王朝」の天皇を抽出すると、応神《おうじん》、仁徳、履中《りちゅう》、反正《はんぜい》、允恭《いんぎょう》、安康《あんこう》、雄略《ゆうりゃく》、清寧《せいねい》、顕宗《けんそう》、仁賢《にんけん》、武烈《ぶれつ》の十一代ということになるが、これらの天皇の多くの宮と御陵《ごりょう》が、それまでのヤマトの磯城《しき》地方ではなく、河内《かわち》に集まっているところが、特徴である。

そして、この「中王朝」のあとに登場するのが「新王朝」で、越前の継体《けいたい》天皇が大伴《おおとも》氏によって擁立されたのだと、水野氏は指摘した。

新王朝は、今上《きんじょう》天皇につづく王家であり、しかも、はじめて統一国家を樹立したのだから、「統一王朝」と呼ぶことができるとしている。

◈続出する王朝交替説

水野氏が「三王朝交替説」を発表すると、これに多くの史学者や国学者が呼応し、あとを追った。

直木孝次郎《なおきこうじろう》氏、井上光貞《いのうえみつさだ》氏、上田正昭《うえだまさあき》氏、岡田精司《おかだせいし》氏、吉井巌《よしいいわお》氏らが、新たに王朝交替説を唱えたのである。

その概略はつぎのようなものだ。

まず直木氏は、『日本書紀』の大化改新以前の記述を読む場合、造作や修辞《しゅうじ》潤色《じゅんしょく》がふんだんに盛り込まれていることに留意しなければならないとした。そして、史実とは考えられない記述があるのなら、それは、潤色された時代を考える上で貴重な史料になりうる、という発想を重視したのである。

そして直木氏は、三～四世紀、ヤマト盆地にヤマト政権が樹立されたが、これは「王朝」や「朝廷」と呼ぶにふさわしいものではなく、これを「先応神朝」と名づけた。その後難波《なにわ》に応神《おうじん》天皇が都をつくった時点で、ようやく王朝が誕生した、とする考えからである。

応神が新王朝の始祖となったとする根拠は、まず第一に、水野氏も指摘するように、名前の違いである。

崇神《すじん》天皇と垂仁《すいにん》天皇には「ミマキイリヒコ」のように、「イリ」の名がある。景行《けいこう》天皇や仲哀《ちゆうあい》天皇らには、「オオタラシ」というように、「タラシ」の名が、さらに応神天皇からつづく王の名には、「ホムダワケ」のように、「ワケ」の名がついている。

つまり、応神天皇は、「タラシ」の王家の次の「ワケ」の王家にほかならない、というのだ。

応神が新王朝の始祖に相応しいのは、誕生そのものに謎があり、仲哀天皇の子どもか、あるいは神の子どもであるのか、判然としないことも理由のひとつとなっている（このあたりの事情は、のちに詳述する）。というのも、これは、応神天皇の周囲に神秘的な話が隠されている、ということで、こうした神秘性、神話的な伝承をもつ人物こそ始祖王に相応しい、とするのである。

また、応神天皇の次に即位するのが、応神の子の仁徳《にんとく》天皇なのだが、仁徳天皇は「聖天子」であったと『古事記』や『日本書紀』は言い伝えている。このことにも大きな意味が隠されているという。

仁徳天皇が即位後「国見《くにみ》」をしてみると、家々から立ち上る煙が少ない様子を見て国は貧しいのだと実感し、三年間課役を免除したという。この善政に感謝し、民衆が、「聖帝」と称賛していた、とするのである。したがって、仁徳天皇にも始祖王の資格があるとする直木氏は、応神と仁徳は、実際には同一人物なのではないかとする。というのも、応神も仁徳も、どちらも「名前を交換した」という記述が『日本書紀』にあって、親子どもども名を交換したということではなく、天皇家の系譜を長く見せかけるために、同一人物を二人に分けたために似たような話がつづいたのだ、とするのである。

井上光貞氏も同じような考えで、『日本書紀』の記述のうち、信頼できる記事は、五世紀の応神天皇以降のものと指摘し、応神を新王朝の始祖と捉えたのである。

井上氏によれば、応神天皇は『日本書紀』にあるような仲哀天皇と神功《じんぐう》皇后の間の子などではなく、九州からヤマト入りし、ヤマトの前王朝に入り婿する形で新王朝を樹立した、とするのである。

いっぽう上田正昭氏は、『古事記』や『日本書紀』の天皇の名を重視した。すなわち、「イリ」の名のつく崇神天皇以下数代の王家を、三輪《みわ》祭祀《さいし》の権利を掌握した「三輪王朝（イリ王朝）」であった、としたのである。

さらに、五世紀には、応神天皇ら「ワケ」の名をもつ王家が三輪王朝に入れ替わり、「河内王朝（ワケ王朝）」が誕生したとする。

少し毛色が違ったところで、岡田精司氏の河内王朝論がある。応神天皇の河内大王家が三輪大王家と交替したとする説で、そもそも四世紀の畿内連合政権だった三輪王朝の一員だった河内大王家が、入り婿としてヤマト入りし、新王朝を樹立した、とするのである。

◈継体天皇は征服王朝？ 入り婿？

このように、王朝交替論と言っても、いくつもの考えがある。

おおよそのところ、崇神《すじん》天皇、そして応神《おうじん》天皇が、歴史の大きな節目になっている、という点に関しては、だいたい意見がそろっているといえよう。

では、継体《けいたい》天皇について、どのように考えられているのだろう。

継体天皇は新たな王朝の始祖で、今上《きんじょう》天皇につづいていると指摘したのは、まず水野祐《みずのゆう》氏だった。

『日本書紀』には継体天皇を応神天皇の五世の孫とあるが、この記述の信憑性《しんぴょうせい》は薄く、前王朝との血縁を想定することは不可能、とする。

また直木孝次郎《なおきこうじろう》氏は、水野氏の指摘を継承し、『日本書紀』の言うヤマト朝廷の初代の天皇・神武《じんむ》の伝説は、継体天皇をモデルにして創作されたものと推理した。神武天皇は地方出身であり、継体もまた同様であり、どちらも何度かの遷都をくりかえしたのちにヤマトに入ることができた。双方とも、崩御《ほうぎょ》ののち、後継者争いが勃発している、といったような共通点が存在すると、指摘したわけである。

さらに、継体天皇は皇族ではなく、越前や近江周辺の地方豪族にほかならなかったとして、応神天皇五世の孫というのは「自称」にすぎなかったとする。そして、武烈《ぶれつ》天皇崩御ののちのヤマトの混乱につけ込み、河内《かわち》・山城《やましろ》に進出し、在地勢力とつながり、また、大伴《おおとも》氏らと手を組み、結果、二十年近くにわたるヤマトの動乱期を統一し、新王朝を創始した英雄にほかならない、とするのである。

井上光貞《いのうえみつさだ》氏は、継体天皇が応神天皇の五世の孫とあるのは、作為的だとする。律《りつ》令《りょう》の皇族にかかわる規定の中で、六世以下の皇族は皇籍から除くという決まりがあるから、五世云々《うんぬん》は、このような律令的な配慮が加えられている、とする。また、応神天皇から継体天皇につづく系譜が『日本書紀』のなかで欠如していることも、応神と継体の本当の間柄を暗示している、というのである。

ただし井上氏は、継体天皇が近江周辺の大勢力でヤマトにやってきたとしても

「征服王朝」ではなく、入り婿によって王朝を継承したのだ、とする。

これが、継体天皇を新王朝と捉える人たちの説だ。一九五〇年代には、これらの説が一世を風靡したが、一九六〇年代にはいると、反論も提出されるようになった。

継体新王朝説に反論する人たちの大きな根拠となったのは、『上宮記《じょうぐうき》』の存在だった。

継体新王朝説は、『日本書紀』や『古事記』の継体天皇の応神天皇五世の孫という系譜を疑ったものだが、『上宮記』の掲げた応神から継体にいたる詳細な系譜は信憑性が高いのではないか、という考えである。

この指摘は、まず坂本太郎《さかもとたろう》氏が掲げ、そして黛弘道《まゆずみひろみち》氏は、『上宮記』の書かれた時代が、藤原宮木簡《ふじわらきゅうもっかん》よりも古いと補強し（下限は六九四年以前）、やはりこの文書の信頼性の高さを訴えたのである。

また、応神天皇が崇神王朝の後裔のナカツヒメを娶《めと》って新たな河内王朝をうち立てたように、継体天皇が武烈天皇の姉・タシラカノ皇女《ひめみこ》を娶ったことを重視する声は強い。

すなわち、すでにこの当時の貴族階級の間には、「王の世襲化」という観念ができあがっていて、だからこそ、前王朝の女系の血筋を受け継ぐことで、応神や継体が王位を継承できた、とするのである。

また、継体天皇は息長《おきなが》氏の血を引くが、この一族は天皇家に多くの后妃《こうひ》を輩出している。継体天皇がこの「天皇家の母」の血縁だったところにも、大きな意味が隠されている、とする説がある。

これら、「女系」を意識した推論によって、継体天皇は地方からやってきたとしても、力ずくで王権を奪取したわけではなく、それまでの河内王朝の系譜を、婿入りしたことで継承したにすぎない、とする説が登場したわけである。

◈『上宮記』に記されたホムツワケの正体

ただ、大きな流れで見ると、一九五〇年代の継体《けいたい》新王朝説の流行、一九六〇年代の新王朝説批判の出現という流れがあって、さらに、一九七〇年代にはいると、ふたたび継体新王朝説が復活する、というめまぐるしい経過をたどっている。

継体新王朝説にふたたび脚光を浴びせたのは、国文学者の吉井《よしい》巖《いわお》氏で、継体天皇が応神《おうじん》天皇の五世の孫という設定は、先王朝とのつながりを捏造《ねつぞう》するために、継体王朝が応神天皇という人物を創作したのだ、とする。というのも、応神天皇にまつわる説話は荒唐無稽《こうとうむけい》で、ようするに、実在した仁徳《にんとく》天皇の父親として、継体王朝の手で加上されたにすぎない、とするのである。

また吉井氏は、継体天皇の系譜を掲げる『上宮記《じょうぐうき》』に注目した。従来「ホムタワケ」と読まれ、継体天皇が応神天皇（誉田別尊《ほむだわけのみこと》）の五世の孫であることの証拠とされていた「凡牟都和希王《ほむつわけのみこ》」の「都」を「ツ」と読み、「ホムツワケ」とし、これを第十一代垂仁《すいにん》天皇の皇子「誉津別王《ほむつわけのみこ》」にほかならない、としたのである。

この結果、どういうことになるかというと、継体王朝内で、当初、王統の始祖を崇神《すじん》・垂仁王朝の「ホムツワケ」に求めていたが、のちに仁徳王朝に結びつけ、そのため「ホムツワケ」ではなく「ホムタワケ」の末裔《まつえい》、という図式が生まれたのであって、このような系譜上の混乱があったということは、継体王朝が新しい王朝であったことの証になる、としたわけである。

その後、継体新王朝説は、継体天皇の出自を近江の豪族・息長《おきなが》氏に求めることで、急速に支持者を増やしていったのである。

とは言っても、継体＝息長氏説が有力視されるようになっても、継体新王朝説が確定的になったわけではない。さらに議論はつづいている。

たとえば山尾幸久《やまおゆきひさ》氏は、日本最古の金石文《きんせきぶん》のひとつとして名高い隅田八幡宮《すだはちまんぐう》（和歌山県橋本市隅田町）の隅田八幡人物画像鏡《じんぶつがぞうきょう》（径十九・六センチ）の銘文などから、男系世襲《せしゅう》王制《おうせい》の確立されていない時代、大王は入り婿の形で、あちこちから連れてこられた、と指摘している。

そして、雄略天皇崩御後、王統が断絶し、混乱ののち二転三転した政局を収拾するために、畿内首長連合体は、まず吉備《きび》、播磨《はりま》周辺の経済体制を掌握していた弘計《をけ》と億計《おけ》の兄弟を擁立《ようりつ》し（『日本書紀』のいうところの顕宗《けんそう》天皇と仁賢《にんけん》天皇）、さらに

『上宮記』に残された継体天皇の系図

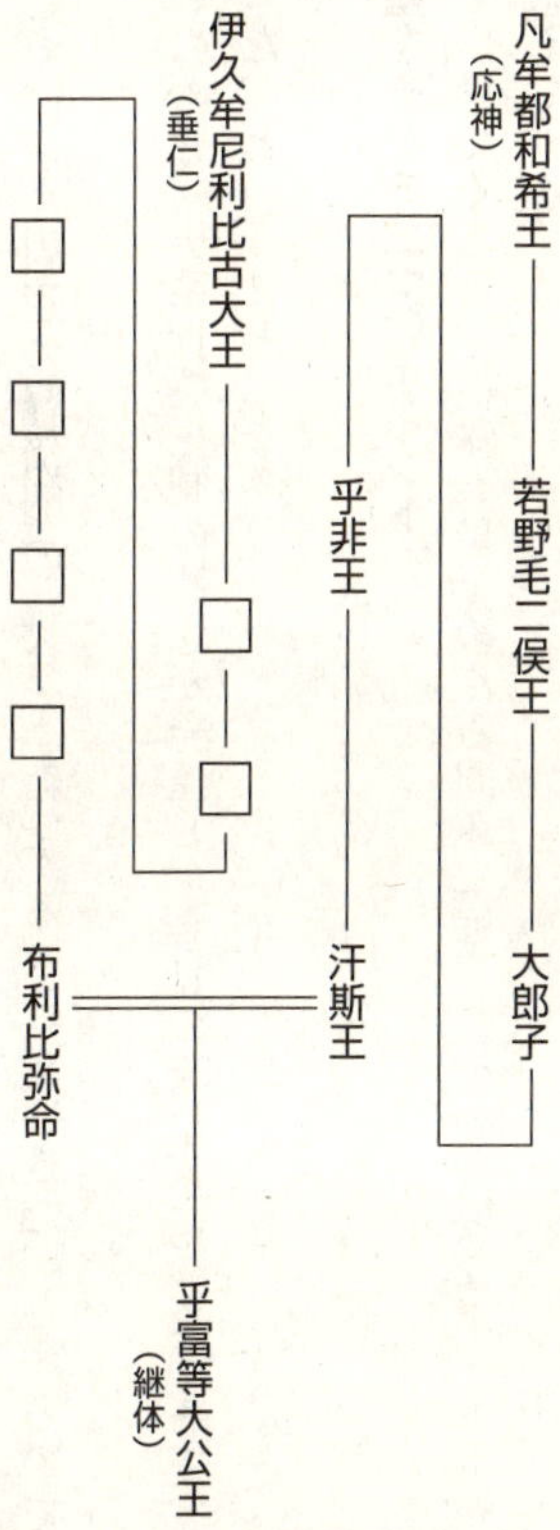

その後、近江から北陸にかけての経済体制を掌握していた継体をこの王家に婿入りさせることで、近畿周辺の経済圏の統合を実現することができた、とするのである。

そしてこののち、男系世襲王制の観念が発達し、今日の天皇家につながる王家ができあがった、ということになる。

◈継体天皇をめぐる二つのポイント

このように見てくると、継体《けいたい》天皇をめぐる問題には、二つの重要なポイントがあるように思えてくる。

ひとつは、「女系の大切さ」であり、もうひとつは、「応神《おうじん》天皇」であるように思えてならない。

この二つが何を意味しているのか、少し説明をしておきたい。

まず、継体天皇と「女性の力」の関係についてだ。

継体天皇が前王家の女人を娶ることに大きな意味があったように、たとえ男系の王統が絶えたとしても、「入り婿」という形にすれば、皇族として血の薄い人物であろうとも、あるいは王家と血縁でなくとも、「王統」を継承することができた可能性が指摘されているわけである。

このあたりの事情は、考古学の立場からも、説明されている。

継体天皇の御陵が今城塚《いましろづか》古墳であろうことは、今日確定的になってきたが、この古墳とそっくりな墳形をもった縮小版の前方後円墳が、継体天皇の妃《きさき》を輩出している尾張《おわり》氏の地元の愛知県に複数存在する。

このことは、継体天皇と尾張氏の妃・目子媛《めのこひめ》を通じた親近ぶりを今に伝えている。

いっぽうで今城塚古墳のもうひとつの特徴は、けっしてそれまでの前方後円墳の様式と断絶したものではなく、むしろ、ヤマトの王権の前代からの規格性の踏襲が指摘されているのである。

その理由について、上田宏範《うえだひろのり》氏は、『前方後円墳（増補新版）』（学生社）の中で、

倭国王の伝統的な権威が確立していて、その継承者であることを認めさせるには、陵墓もそれに応じた形式をふまなければならなかった。

から、と述べ、さらに、このことは継体天皇が前王朝の手白香皇女《たしらかのひめみこ》を娶ったこと

と符合する、というのである。

すなわち、男性系譜を重視するという発想がはっきりと確立する以前、男性の王がいかなる性格をもっていたのか、そのことを認識しておく必要がある、ということなのかもしれない。

そして前王家の「伝統」「文化」を継承したところに、継体天皇の本質が隠されている可能性が強いのである。少なくとも、「女性」を中心に考えれば、継体に古い王家の血が入っていなかったとしても、「王朝交替」という単純な割り切り方は通用しなくなるわけである。

◆日本の女性のもつ力

このような「女性の力」は、後々重要な意味をもってくるので、ついでだから、ここで飯豊青皇女《いいどよあおのひめみこ》という不思議な女人の話をしておこう。

飯豊青皇女は、先ほどお話しした弘計《をけ》・億計《おけ》天皇が擁立される直前、ヤマトで活躍した女人である。

『日本書紀』は、飯豊青皇女の出自をはっきりさせていない。市辺押磐皇子《いちへのおしはのみこ》の娘で、別名をいくつももつ女人だったといったり、履中紀《りちゅうき》では、飯豊青皇女が市辺押磐皇子の父に当たる履中天皇の娘とも記されている。

履中紀が正しければ、飯豊青皇女と市辺押磐皇子は、親子ではなく、兄弟ということになる。

飯豊青皇女は、清寧《せいねい》三年秋七月の条に飯豊皇女《いいどよのひめみこ》の名で登場し、角刺宮《つのさしのみや》（奈良県北葛城郡新庄町忍海）で、はじめて男性と結ばれた、という（「与夫初交《まぐはひ》したまふ」）のである。そして、この時の「感想」が強烈だったので、けっこう有名な話として知られている。

すなわち、

「女の道を知ったが、何も変わったことなどない。どうということはなかった。もう、男と交わろうとは思わない」

とおもわずもらしたのだという。この女人に夫がいたかどうかも分かっていないのだが、おそらく、神に仕える巫女だったのだろう。

それはともかく、もしかするとこの女人、日本初の「女帝」であったかもしれないのである。

顕宗《けんそう》即位前紀には、次のような話が載っている。

弘計天皇は、履中天皇の孫で、市辺押磐皇子の御子だった。母は荑媛《はえひめ》といった。

譜第《ふだい》（天皇家の系譜を記した文書と考えられている。現存せず）によると、市辺押磐皇子は蟻臣《ありのおみ》の娘荑媛を娶り、三男二女を生んだ。第一子が億計王、第二子が弘計王、第四子が飯豊女王（飯豊青皇女）であったという。

億計王と弘計王の兄弟が都を離れて暮らすようになったのは、父の市辺押磐皇子が雄略《ゆうりゃく》天皇の血の粛清で討ち取られてしまったからだ。

はじめ二人の御子は、身の危険を感じ、丹波国《たにわのくに》の余社郡《よさのこおり》に逃れ、さらに播磨国へと落ちていったのだった。その後雄略天皇は崩御され、清寧《せいねい》天皇が誕生した。

清寧天皇の二年、二人の御子が播磨国にいることが都に伝わると、清寧天皇はいたく喜んだという。

「私には子どもがいない。だから跡継ぎにしよう」

こういって清寧天皇は、二人の御子をヤマトに迎え入れ、億計王を皇太子にしたのだった。

清寧五年春正月に天皇が崩御されたが、億計王は即位しようとしない。それどころか、弟の弘計王に皇位を譲ろうとした。両者譲らなかったので、ここで天皇の姉・飯豊青皇女が忍海角刺宮《おしぬみのつのさしのみや》で「臨朝秉政《みかどまつりごと》」をしたとある。空位の穴を埋め、みずからが執政を行った、というのである。そして飯豊青皇女は忍海飯豊青尊《おしぬみのいいどよのあおのみこと》と名乗ったという。

ところが、その年の十一月、飯豊青尊は亡くなり、結局億計王が皇位を弘計王に譲ることで、落ち着いた。

『日本書紀』によれば、飯豊青皇女は即位していなかったことになるが、「尊」の字や「臨朝秉政」は、天皇位を暗示している。『扶桑略記《ふそうりやっき》』は、飯豊青皇女が第二十四代の女帝だったと記録している。

跡継ぎがいなくなり、あるいは社会の混乱を収めるために、やむなく「巫女《みこ》」のような女王や女帝が出現するという事態は、ヤマト建国前後から七世紀にかけて、歴史上何度も起きている。そして、どういう理由からか、これらの女人（巫女王）たちには、あるひとつの共通点が存在するのである。

その共通点は、「トヨ（豊）」の名を持ち、あるいは「トヨ」の宮に住むということなのだが（たとえば飯豊青皇女の名に「トヨ」が入り、七世紀の推古女帝も「トヨ」の宮に住んだ）、それよりもまずここで問題にしたいのは、とにもかくにも、混乱の収拾に女王が求められるということで、新たな体制が常に女王からはじまる、という日本古代史のひとつの特徴なのである。

そして中国では、唯一の女帝・則天武后《そくてんぶこう》が後世「牝朝《ひんちょう》」と侮辱を込めて呼ばれたように、日本に多大な影響を与えた中国では、「女王」そのものが特殊なのだった。逆に言えば日本では、古来からつづく「女性を重視する」という政治風土から考えて、「入り婿」によって王統を継続するということは、容易に起こりえたと考えられる。王統を継ぐ女性の元に、王家の外から男性がやってきても、女性の地位の高さから考えて、何の問題もなかったのではないかと想像してみるのである。

したがって、仮に継体天皇にヤマトの大王家の血が入っていなくとも、それほどびっくりするような事態ではなかった、という解釈は成り立ちうるわけである。

◈継体天皇の謎を解く最大の鍵

そうはいっても、継体《けいたい》天皇が、新王朝として、前王朝を武力によって打ち倒した可能性というものは、完全になくなったわけではない。

このあたりが継体天皇をめぐる謎のややこしさといえるのかもしれない。

たとえば、「継体」という漢風諡号《かんふうしごう》をみれば、あたかも前政権の「体制」を「継承」したかのような響きがあるが、そうではなく、「武力制圧をした王」というニュアンスが込められている、という指摘がある。

霊亀《れいき》元年（七一五）九月。元明《げんめい》天皇は、娘の氷高内親王《ひたかのひめみこ》に王権を禅譲《ぜんじょう》した。そのときの詔《みことのり》に、「継体」という言葉が出てくる。問題は、それがどういう場面で使われていたのか、ということである。

文面にはつぎのようにある。

昔者《むかし》、揖譲《いふじやう》の君《きみ》、旁《ひろ》く求めて歴《もと》く試《あまね》み、干戈《かんくわ》の主《しゆ》、体《てい》を継《つ》ぎて基《もとゐ》を承《う》け

これは何を言っているかというと、「揖譲の君」は、平和裡《へいわり》に王位を譲る天子を指し、かたや「干戈の主」は、暴君を武力によって打ち倒した者を指している。

吉村武彦《よしむらたけひこ》氏は、『古代王権の展開』（集英社）のなかで、

このような武力王が、前王朝の「体《てい》を継《つ》ぎて基《もとい》を承《う》ける」というのである。このことから継体という諡号《しごう》には、武力による天下取りという観念がつきまとっていたと考えられる。

と指摘し、奈良時代の貴族が、継体に「干戈の主」のイメージを持っていた証拠としている。

こうして、継体天皇とはいったい何者なのか、分かったような分からないような、結局いまだになにも分かっていないということだけが分かったような状態になってしまった。

それでは、継体天皇の正体を解き明かすことはできるのだろうか。

ここで、継体天皇を解き明かすための重要なもうひとつのポイント「応神天皇《おうじん》」の存在に気づかされる。

これまで、応神天皇は実在性が危ぶまれると考えられてきたのである。そして、継体天皇の祖が応神天皇であったと『日本書紀』に記されていることについて、深く考察されたことはなかったように思われるのだ。

だが、継体天皇が新王朝であろうとなかろうと、その祖が応神天皇であったという「設定」には、どうにも理解できない謎が横たわっているのである。

通説は、少なくとも六世紀初頭に継体天皇が出現し、以後の大王家は継続し、今日の天皇家につながったのだという。もちろん、八世紀に『日本書紀』を編纂《へんさん》した朝廷には、継体天皇の末裔《まつえい》が王として君臨していたということになる。

それならばなおさらのこと、『日本書紀』を記した八世紀の朝廷は、継体天皇を美化する必要があったわけで、なぜ応神天皇の末裔、という設定を必要としたのか、理解できないのである。

なぜならば、応神天皇ほど怪しげな大王《おおきみ》は、そう滅多にはいないからである。応神天皇をめぐる人脈には怪しげな人びとがからまり、本人の出生には秘密が隠され、父が誰だかも、はっきりとは分かっていないのだ。

このような謎めいた応神天皇が、なぜ継体天皇の祖という設定になってしまったのか、これが「創作」であるならばなおさらのこと、理解できないのである。

それでは、これが何を意味しているのか、次章で応神天皇の秘密に迫ってみよう。

第二章
応神天皇の秘密

◈怪しさを漂わせる応神天皇

応神《おうじん》天皇は怪しい。

バケモノぶりは、その御陵《ごりょう》からもうかがい知ることができる。

応神天皇陵（大阪府羽曳野《はびきの》市誉田《こんだ》）といえば、面積で日本第二位、体積に直すと日本最大の規模を誇る五世紀初頭の前方後円墳《ぜんぽうこうえんふん》として知られている。全長は四百十五メートル、前方部の幅が三百三十メートル、後円部の高さ三十六メートルと、近くで見ると、鬱蒼《うっそう》としていることも手伝って、山そのものだ。とても人造物には思えないほどの規模である。

応神天皇陵の謎は、その大きさではない。『日本書紀《にほんしょき》』には、応神天皇が崩御《ほうぎょ》してのち、応神を埋葬したという記事がない。これは異例中の異例なのである。

では、なぜ羽曳野市の前方後円墳が応神陵と考えられているかというと、雄略《ゆうりゃく》天皇の時代（九年秋七月）、記事の中に河内国古市《かわちのくにふるいちのこおり》郡（羽曳野市付近）の「誉田《ほむだの》陵《みささぎ》」という三文字が、かろうじて残されていたからにほかならない。くり返すが、陵の記述を怠った『日本書紀』のあり方は、異常な事態である。

日本で二番目に大きな御陵に埋葬されたのなら、なぜ『日本書紀』は、はっきりとその事実を伝えようとはしなかったのだろうか。

この一事だけみても、応神天皇の謎の深さが分かっていただけるだろうか。だが、応神の本当の謎は、応神だけではなく、父母の奇怪な生涯も同時に説明しなければ、理解いただけないであろう。

詳細はのちに触れるので、ここでは簡単に触れておこう。応神の父母の怪しさは、次のような按配である。

『日本書紀』や『古事記《こじき》』の話をまとめると次のようになる。

まず、父・仲哀《ちゅうあい》天皇は、神功《じんぐう》皇后を引き連れ九州の熊襲《くまそ》（隼人《はやと》）を征討《せいとう》するが、神託《しんたく》を無視したために変死してしまった。そこで神功皇后は夫の喪《も》を伏し、ヤマトにも知らせず、神託どおりに行動し、ついには北部九州のみならず新羅《しらぎ》まで平定して九州にもどってくる。

神功皇后は九州で応神を産み落とすが、じつをいうとこの御子《みこ》の父がいったい誰なのか、はっきりしない……。

そしてこののち、神功皇后は生まれ落ちた応神を引き連れ、ヤマトに向かうが、ここで仲哀天皇の皇子たちが、応神のヤマト入りを阻止しようと手ぐすね引いて待っていた。神功皇后は「応神は既に亡くなりました」とデマを流し、「喪船《もふね》」に応神を乗せ、ヤマトに向けて進む。

この「喪船」は幽霊船のイメージで、のちに詳述するように、古代において実際に応神天皇は、祟《たた》り神と捉えられていた気配がある。応神天皇を祀《まつ》る宇佐八幡《うさはちまん》系の神社は、奈良時代以降全国に広まり、今では日本一の神社数となって、人びとの信仰を集めているが、それは「宇佐は祟る」と、誰もが信じて疑わなかったからだろう。日本の神とは、ようするに「祟る神」なのである。

他の拙著の中で触れたように、じっさい奈良時代に宇佐八幡が重視されたのも、天然痘《てんねんとう》の流行と深い関係にあったと思うのだが、「八幡神」が祟る神と考えられ、だからこそ篤《あつ》く祀られた背景には、「応神天皇」という歴史が横たわっていたからではないかと思えてならないのである。

このように、応神をとりまくストーリー展開は、奇怪な要素に包まれているのである。これを単純に、「神話」と割り切ることも可能だが、何度も言うように、『日本書紀』の編者が王朝の始祖王・継体《けいたい》の祖を応神と決めたのなら、もっとましな話を作ることができただろうに、それを怠ったのは、不可解きわまりないのである。

そして、なぜ「祟る応神天皇」を、継体天皇の祖にしなければならなかったのか、その明快な理由を求める必要があるのではないか、ということである。

もし、応神天皇が架空の存在なら、『日本書紀』編者は、わざわざ奇妙きてれつな人物を創作し、その上で、「天皇家の本当の親＝継体天皇」の祖に、その応神天皇をあてがったわけで、そうであるならば、それなりの理由がなければおかしい。

逆に、もし応神天皇が実在の人物ならば、継体の祖を無理矢理応神に結びつけたのではなく、それを認めなければならない理由が『日本書紀』の編者にあった、ということになるのではあるまいか。

いずれにせよ、われわれは「継体天皇の祖＝応神天皇」という謎に、これまであまりに無頓着《むとんちゃく》だったのではなかろうか。

◈応神天皇の時代に画期を迎えていたヤマト朝廷

継体《けいたい》天皇の謎は、ようするに応神《おうじん》天皇の謎なのだと筆者は見切っている。

ならば、応神天皇の生涯を追ってみる必要がある。

すでに触れたように、応神天皇は日本の歴史がひとつの画期を迎えた、そういう時代の天皇であった。あるいは、正確に言えば『日本書紀』が、そういう設定にしている。

たとえば、天皇の宮は、多くはヤマトの盆地の中に造られたが、応神天皇は大阪平野に造っている。『日本書紀』や『古事記』によれば、応神天皇の父の仲哀《ちゅうあい》天皇から清寧《せいねい》天皇に至るまで、天皇の陵墓《りょうぼ》も、大阪平野に造られるようになったのである。

また、応神天皇は九州（西）からヤマト（東）に攻め上った人物であり、だからこそ、二十世紀になると、騎馬民族征服王朝説のヒーローに抜擢された。この人物が、騎馬軍団を率いてヤマトに乗り込んだのだろう、と推測されたのだった。

三王朝交替説を唱える先述の水野祐《みずのゆう》氏は、応神天皇の名に注目している。第十代崇神《すじん》天皇と垂仁《すいにん》天皇の名は「イリ」で、景行《けいこう》、成務《せいむ》、仲哀は「タラシ」、そして、応神天皇の代に「ワケ」の名を名乗っている。このことから、「イリ王朝」「ワケ王朝」の入れ替わりがあったのだろう、と推理したのである。

いずれにせよ、応神天皇の時代、畿内《きない》の王権に、何かしらの変化があったであろうことは、想像に難くない。

では『日本書紀』には、応神天皇の生涯が、どのように記されているのだろう。その文脈を追ってみよう。すべては仲哀天皇と神功《じんぐう》皇后の九州熊襲《くまそ》征伐からはじまっている。

仲哀天皇二年二月のこと（実年代は定かではない。というよりも、仲哀天皇も神

応神天皇系図

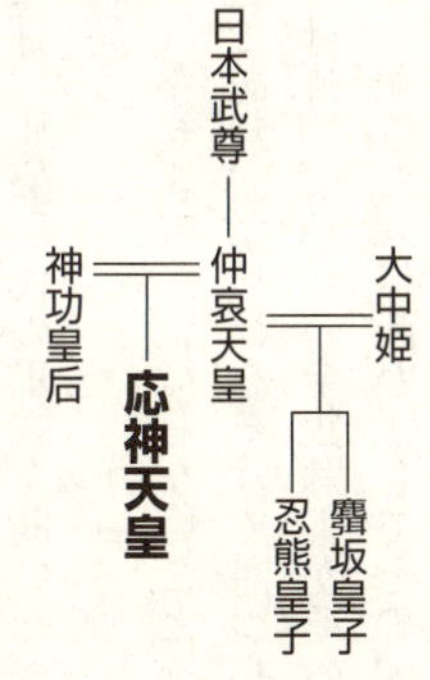

功皇后も実在しなかった、とする説のほうが根強い。実在したとすれば、四世紀後半と一般には考えられている。私見は神功皇后を三世紀の人とみているのだが……。それはともかく）、仲哀天皇と神功皇后は、角鹿《つぬが》（福井県敦賀《つるが》市）に行幸《ぎようこう》し、笥飯宮《けひのみや》を建てた。

『日本書紀』に従えば、仲哀天皇はヤマトタケルの第二子で、神功皇后を娶《めと》る以前、大中姫《おおなかつひめ》と結ばれ、麛坂王《かごさかのみこ》と忍熊王《おしくまのみこ》の二人の皇子がいた。かたや神功皇后は開化《かいか》天皇の曾孫・気長宿禰王《おきながのすくねのおおきみ》の娘で、母は葛城高額媛《かづらきのたかぬかひめ》といい、仲哀天皇二年に皇后になったとある。

◆神を疑い変死した仲哀天皇

さて、話を続けよう、翌三月のことだ。仲哀《ちゆうあい》天皇は、皇后を角鹿《つぬが》に残して、南国（南海道《なんかいどう》、四国と紀伊）に巡行し、紀伊に赴いたとき、九州南部の熊襲《くまそ》が背いた。そこで、その足で、穴門《あなと》（山口県）に向かい、角鹿の神功《じんぐう》皇后を招き寄せた。

神功皇后は渟田門《ぬたのみなと》（若狭《わかさ》）を経て、日本海づたいに夫の元にやってきた。この時、豊浦津《とゆらのつ》の海中で、如意珠《にょいのたま》を得たという。

仲哀天皇八年春正月、一行は、筑紫《ちくし》（北部九州）にわたった。この時、岡県主《おかのあがたぬし》（岡は福岡県遠賀《おんが》郡芦屋《あしや》町）の祖・熊鰐《わに》は、仲哀天皇の噂を聞きつけ、船を飾り周芳《すわ》（周防《すおう》、山口県防府《ほうふ》市）に出迎え神宝を捧げ、服従した。

次に、筑紫の伊都県主《いとのあがたぬし》（伊都は福岡県糸島《いとしま》郡で、『魏志《ぎし》』倭人伝《わじんでん》に言うところの伊都国）の祖が、そして玄界灘《げんかいなだ》に面した周辺の首長層たちが、仲哀天皇に恭順し、儺県《なのあがた》（福岡県博多《はかた》で、『魏志』倭人伝に言うところの奴国《なこく》）の橿日宮《かしひのみや》にはいることができたのである。

秋九月、熊襲征伐の軍議を開いたが、この時神功皇后に託宣《たくせん》が降りた。神は次のように言う。

「天皇はなぜ熊襲が服従しないことを憂えているのだろう。これは不毛の地で、空しい国であり、なぜ兵を挙げて討つ必要があるというのか。海のむこうに宝の国がある。目映《まばゆ》いばかりの金銀財宝がその国にある。これを新羅《しらぎ》国という。もし私をしっかりと祀《まつ》るなら、戦わずしてその国を服従させることができるであろう。また、そうすれば、熊襲もなびいて来るであろう」

だが、仲哀天皇は、神の言葉を疑ってかかった。高い丘に登りはるかに大海原を望み見たがどこにも国は見えない。そこで天皇は神に口答えしてしまった。

「海ばかりで国はありません。それとも空のかなたにでもあるというのでしょうか。どなたかは知りませんが、私を欺こうとしているのではありませんか。我が皇祖や諸々の天皇、神々をみな祀りましたが、まだ漏れた神がいるとでもいうのでしょうか」

すると神は、神功皇后に向かって、次のように語った。

「天津水影《あまつみずかげ》のごとく（水に映した影のようにはっきり、の意）見えるあの国を、なぜないといって私をなじるのか、信じないのなら、あの国を得ることはできないであろう。ただし、今皇后は孕《はら》んでいる。その子（応神《おうじん》）がかの国を得ることになるだろう」

仲哀天皇はこの神の言葉を無視し、ついに熊襲を攻めたのだった。結果、惨敗し、空しく引き上げてきた。

九年の春二月五日。天皇は突然病の床につき、翌日亡くなられた。

『日本書紀』はその原因を、

即《すなは》ち知《し》りぬ、神《かみ》の言《みこと》を用《もち》ゐたまはずして、早《はや》く崩《かむあが》りましぬることを。

と説明する。すなわち、神を信じなかったために亡くなられた、というのである。

神功皇后と同行していた武内宿禰《たけのうちのすくね》は、天皇の喪《も》を秘匿《ひとく》した。武内宿禰は密かに屍《しかばね》を穴門の豊浦宮《とゆらのみや》に移し、火を消し、殯《もがり》を行った。

◈歴史の勝者・神功皇后と応神

祟る神の存在を知った神功《じんぐう》皇后は、新羅《しらぎ》征討を決心された。そこで三月のある日、みずから神主《かんぬし》となり、武内宿禰《たけのうちのすくね》に琴を弾かせて神を呼び出させた。中臣烏《なかとみのい》賊津使主《かつのおみ》を召し入れ神の言葉を明らかにする審神者《さにわ》にし、神の名を問いただしたという。

すると七日後、ついに答えがあった。神々が名乗り出てきたのである。

それによれば、伊勢国の撞賢木厳之御魂天疎向津媛命《つきさかきいつのみたまあまさかるむかつひめのみこと》（天照大神《あまてらすおおみかみ》の荒魂《あらみたま》か）を筆頭に、稚日女尊《わかひるめのみこと》、天事代虚事代玉籤入彦厳之事代神《あめにことしろそらにことしろたまくしいりびこいつのことしろのかみ》（事代主神《ことしろぬしのかみ》）であるという。

さらに、審神者が言うには、日向《ひむか》の橘《たちばなの》小門《おど》（水門《みなと》）の水底にいる底筒男《そこつつのお》・中《なか》

神功皇后新羅征伐の出発地・和珥津

筒男《つつのお》・表筒男《うわつつのお》（住吉《すみよし》三神）ということだった。

そこでこれらの神々を篤く祀り、熊襲《くまそ》に兵を差し向けると、あっけなくあちらから投降してきたという。

ここから、神功皇后の山門《やまと》攻めがはじまる。

橿日宮《かしひのみや》から松峡宮《まつおのみや》（福岡県朝倉《あさくら》郡三輪町）に移り、さらに山門県《やまとのあがた》（福岡県山門郡山川村）の土蜘蛛・田油津媛《たぶらつひめ》を討ち取ったという。この戦闘を最後に、神功皇后は反転し、行軍の矛先を「北」に向ける。

夏四月、神功皇后は肥前《ひぜん》の松浦《まつら》県の玉島《たましま》里（佐賀県東松浦郡浜崎玉島町）の小川のほとりで占いをし、吉兆を得ると、男装をし、新羅征討の準備を始めた。

冬十月、和珥津《わにのつ》（長崎県対馬《つしま》上県郡鰐浦《わにうら》）から新羅に出航した。神々の援護

宇瀰神社・応神天皇の産湯の井戸と伝えられている

を得て、新羅をあっという間に征伐した。噂を聞きつけた百済《くだら》や高麗《こま》も、神功皇后の軍門に下ったという。

遠征を成功させた神功皇后は、十二月、筑紫《ちくし》に凱旋し、宇瀰《うみ》（福岡県糟屋《かすや》郡宇美《うみ》町）で誉田《ほむだ》別皇子《わけのみこ》（応神《おうじん》天皇）を産み落とした。

翌年春二月。神功皇后は穴門《あなと》の豊浦宮《とゆらのみや》にもどり、仲哀《ちゅうあい》天皇を葬ると、ヤマトを目指した。ところが、応神の即位を阻止しようと、腹違いの兄、麛坂王《かごさかのみこ》と忍《おし》熊王《くまのみこ》が、謀《はかりごと》をめぐらせていたのだ。

「今、皇后は子を産み、群臣たちはみなこれに従っている。必ず共に謀り、幼い皇子を擁立《ようりつ》するであろう。なぜ兄が弟に従わねばならぬのだ」

そういって二人の皇子は、東国の兵を起こし軍備を整え、播磨《はりま》のあたりに陣を張った。

この時、狩りをして占いをしてみた。ところが、赤い猪が現れ、麛坂王を食い殺してしまったのだ。兵士たちは動揺し、忍熊王はあわてて住吉《すみよし》(大阪市住吉区)まで陣を引いたのである。

これに対して神功皇后は、武内宿禰に命じて皇子を護らせ、じわじわと囲んでいった。そして菟道《うじ》(京都府宇治市)に追いつめられた忍熊王は、結局近江《おうみ》に逃れ、瀬田川《せたがわ》の渡し場(琵琶湖の入口付近)に入水《じゅすい》して果てたのだった。

翌年には仲哀天皇を河内《かわち》に葬り、神功皇后摂政三年春三月に都を磐余《いわれ》に置き、応神(誉田別皇子)は皇太子になった。

◈長すぎる神功皇后の摂政時代

ここまでが、『日本書紀』に記された応神《おうじん》ヤマト入りまでの物語だ。こののち神功《じんぐう》皇后は、六十九年間、摂政《せっしょう》としてヤマトに君臨し、そのあとになって、応神天皇は即位したのだという。

なぜこのような事態に陥ったのか、はっきりした理由は分からない。この、長すぎる神功皇后の政治活動も、神功皇后や応神天皇の説話を「神話」と切り捨てる原因になっているといえよう。

この間、応神をめぐっては、次のような事件も起きている。

それは、神功皇后摂政十三年のことだ。

春二月、武内宿禰《たけのうちのすくね》に命じて、太子（応神）に付き従わせ、角鹿《つぬが》の笥飯大神《けひのおおかみ》を参拝させた、という。そして、ヤマトに戻ってくると、神功皇后は大殿で宴を催したという。ちなみに、この「宴」は「トヨノアカリ（豊楽《とよのあかり》）」と読む。豊作を祈願する呪術的な意味合いの大宴会で、のちに、新嘗祭《しんじょうさい》の翌日に、天皇が新穀を召し上がり、群臣に賜る儀式になっていった。

ところで、応神の角鹿行きについて、『古事記』は興味深い話を載せている。

それによると、角鹿に鎮座する神・伊奢沙和気大神《いざさわけのおおかみ》が建内宿禰《たけうちのすくね》（武内宿禰）の夢に現れ、

「御子《みこ》（応神）と私の名を交換しよう」

と持ちかけたとある。

応神即位前紀の別伝にも、「一《ある》に云《い》はく」として、同様の記事が載る。

それによれば、はじめ天皇（応神）は太子となって越《こし》に向かい、角鹿の笥飯大神

を参拝し、祀った。この時、大神と太子は名を交換した。したがって、大神を名付けて去来紗《いざさ》別神《わけのかみ》といい、太子の名を誉田《ほむだ》別尊《わけのみこと》という。つまり、大神の元の名は誉田別神で、太子の元の名は去来紗別尊ということになる。けれども、そうした記録がなく、たしかなことは分からない……、というのである。

応神が神と名を替えたのは、いったい何を意味しているのだろう。

応神の名をめぐっては、やはり応神即位前紀に、次のような記述がある。

応神は、生まれながらに、腕の上に「鞆《とも》」のような肉が付いていた。それは母の神功皇后が勇ましい武装を着込んで、「鞆」をつけておられたその姿と同じであった。そこで、御名を称えて誉田天皇《ほむだのすめらみこと》と申し上げるのだ、という。なぜ「鞆」のような肉があったから「誉田」なのかというと、古くは「鞆」を「ホムタ」と読んでいたのだと、『日本書紀』にはわざわざ注が振ってある。

ちなみに、このような応神の「名を交換する」「名前と身体的特徴が関係を持つ」といった、「名」をめぐる物語は、神の霊威を身につけるための呪術とする説がある。

ところで神功皇后摂政紀には、どうしても述べておかなくてはならない有名な一節がある。すなわち、『魏志《ぎし》』倭人伝《わじんでん》の邪馬台国《やまたいこく》記事が引用されているのだ。

神功皇后摂政三十九年には、「魏志に云《い》はく」とあり、「明帝《めいてい》の景初《けいしょ》の三年の六月、倭《わ》の女王……」と記されている。これらの文面は、ほぼ正確に『魏志』倭人伝の記事をなぞっている。

このことから、八世紀の『日本書紀』の編者が、『魏志』倭人伝を知っていたことと、そして、邪馬台国のヒミコを、神功皇后に比定していたことが分かる。

ちなみに、『魏志』倭人伝の引用は、四十年、四十三年にもある。さらに、六十六年には、「晋《しん》の起居注《ききょちゅう》」の引用があり、そこでは、「倭の女王」が武帝《ぶてい》の泰初《たいしょ》（泰始《たいし》）の二年に、晋の国に使いを遣わした、とある。これは西暦二六六年のことで、邪馬台国のヒミコではなく、ヒミコのあとを継いで王位についた女王・トヨ（台与）のことと考えられる。

通説は、神功皇后は七世紀の女帝たちをモデルにして創作されたのであって、実在しなかったといい、仮に実在したとしても、四世紀の後半の人物であったとする。したがって、当然のことながら、神功皇后と邪馬台国のつながりを無視する。

しかし、のちに触れるように、この『日本書紀』の証言は、じつに重大な意味をもってくるのである。

◈応神天皇をめぐる謎

仲哀《ちゅうあい》天皇と神功《じんぐう》皇后の活躍は、このように神話じみていて、とりとめがない。では、継体《けいたい》天皇の祖とされる応神《おうじん》天皇はどうなのだろう。

応神天皇をめぐる謎を、まず羅列《られつ》すると、大きく分けて次の五つになる。

(1)ヤマトに凱旋してのち、応神は三歳で立太子した。それにもかかわらず、なぜ神功皇后は六十数年間、摂政の地位に居座りつづけ、皇位を応神に渡さなかったのだろう。常識では考えられないし、これが単純な創作だと割り切るにしても、なぜこのような現実味のない話を用意したのか、その理由が知りたくなるところである。

ちなみに、これに関連して付け足しておくならば、神功皇后が七世紀の女帝をモデルに創作されたと通説はいうが、それならばなぜ、神功皇后は長い間摂政の地位にとどまり、即位したことにしなかったのだろう。これも、不自然きわまりない。

(2)応神は生まれながらに腕の上に「鞆《とも》」のような肉をもっていた。だからこそ「誉《ほむ》田《だ》」の名を与えられたのだと『日本書紀』は言う。ところが、応神は笥飯大神《けひのおおかみ》と名を交換したとあるが、はじめ笥飯大神は「誉田別神《ほむだわけのかみ》」であったといい、これでは「鞆」があったから「誉田」という話と矛盾する。なぜこのような話ができあがったのだろう。応神の本当の最初の名は、どちらだったのだろう。

(3)応神天皇には、出生にいくつもの謎が隠されている。まず第一に、『日本書紀』は応神が誰の子であったのか、曖昧な記述を行っている。そして、仲哀天皇と神功皇后の間の子が応神であったはずなのに、仲哀の死後、十月十日以内に、応神が生まれていたことに、『日本書紀』はことさらこだわりをもったようなところがある。出生を曖昧なものにした上で、しかも仲哀天皇が父親であったことを暗示する(しかもそれは、数字という具体的な証拠をわざわざ用意したわけである)必要があったのだろう。とにもかくにも応神天皇の出生には、大きな謎が横たわっているのだ。

(4)応神は北部九州で生まれたが、この時、ヤマトには応神の帰還をおもしろく思っていない勢力が存在したことになる。そして、神功皇后は、彼らを追いつめていくのだが、この征討劇、表面上は武力衝突だが、じっさいには、呪術合戦がくり広げられていったのだ。そして、この「応神の呪術合戦としての東征」は、ヤマ

応神天皇と名を交換した神を祀る気比神宮（福井県敦賀市）

ト朝廷の初代天皇・神武《じんむ》の東征とそっくりなのである。

(5)応神に常に付き添ったのは、武内宿禰《たけのうちのすくね》であった。この人物は長寿のイメージが強いのだが、神武天皇の場合も、塩土老翁《しおつつのおじ》という老人がヤマトへと誘っている。しかも武内宿禰と塩土老翁にはいくつもの共通点が見いだせる。これはいったい何を意味しているのだろうか。

どれもこれも、難問だらけだ。ただ、どれかひとつの謎だけ単独に解ける、というものではない。すべての謎が、大きな秘密を解き明かすことで、解き明かせるのではないかと思えてならない。

また何度も言うように、神功皇后から応神天皇に至る説話は「神話的」とする指摘が有力視されている。たとえば神功皇后は常に神がかっているし、応神天皇も同様だ。空船《むなふね》（喪船《もふね》）に乗せられた応神が難波《なにわ》に漂着する様は、まさに始祖神話そのものにほかならない、という指摘がある。さらに、応神が「胎中天皇《たいちゅうてんのう》」という異名を取るように、生まれながらにして日本と朝鮮半島の王に君臨することが宿命づけられていたことを暗示している、とする説である。

また、このの後ち指摘していくような数々の不思議な話も、すべて応神天皇を「神の子」に仕立て上げ、神秘性をもたせるための演出ではないか、とする考えも提出され主流となっている。

このような応神天皇の神話化という仮説がもてはやされるのは、おそらく水野祐《みずのゆう》氏らが唱えた王朝交替説が下敷きにあって、応神天皇を新たな王朝の始祖とする発想が根本にあるからだろう。

なるほど、「胎中天皇」という響きには、「卵生神話《らんせいしんわ》」のイメージが込められているのかもしれない。応神天皇は「卵」だったから、「石」を腰にあてがって生まれるのをおくらせることができた、ということであろうか。

ここに言う「卵生神話」とは、世界各地に広がりを持ち、また近いところでは朝鮮半島で語られる始祖伝承でもある。

たとえば、応神天皇と名を交換する笥飯大神は、新羅《しらぎ》の王子・天日槍《あめのひぼこ》とも、伽耶《かや》王子・都怒我阿羅斯等《つぬがあらしと》とも言われていて、両者は本来同一人物ではないかとされているのだが、『日本書紀』や『古事記』には、二人にまつわる卵生神話が記載されている。

そうすると、やはり「神功皇后」や「応神天皇」とは、「神話」にすぎなかったのだろうか。

◈応神天皇出生の不可解

だがここで、まず先入観を取り払って、素直な気持ちで、応神《おうじん》天皇の不可解な生き様と格闘してみようと思うのだ。というのも、たんなる始祖神話とは思えない、通説では説明できない深い謎が、応神天皇や神功《じんぐう》皇后には秘められているからである。

まずここで問題にしなければならないのは、(3)の応神の出生の問題であろう。『日本書紀』のまず第一の不可解な点は、仲哀《ちゅうあい》天皇紀の中で、応神を仲哀の子として挙げていないことなのだ。

仲哀天皇即位前紀には、まず、「足仲彦天皇《たらしなかつひこのすめらみこと》」は日本武尊《やまとたけるのみこと》の第二子であること、母は垂仁《すいにん》天皇の娘・両道入姫命《ふたじのいりびめのみこと》であると記されている。仲哀天皇が「皇子」でもないのに即位できたのは、成務《せいむ》天皇に男子がいなかったから、とも記されている。

仲哀二年には、后妃《こうひ》と皇子、皇女の名が記されている。それによれば、まず、気《おき》長足姫尊《ながたらしひめのみこと》（神功皇后）を皇后に立てたこと、さらに、神功皇后と結ばれる以前、叔父の彦人大兄《ひこひとのおおえ》の娘・大中姫《おおなかつひめ》を娶《めと》り妃《きさき》とし、麛坂皇子《かごさかのみこ》と忍熊《おしくま》皇子が生まれていた。応神のヤマト入りに必死に抵抗した二人の兄弟だ。

次に、来熊田造《くくまたのみやつこ》の祖・大酒主《おおさかぬし》の娘・弟媛《おとひめ》を娶って誉屋別皇子《ほむやわけのみこ》が生まれていた、とある。

このように、神功皇后の名が出てきたにもかかわらず、神功皇后が産み落とし、しかも大王位についた応神（誉田《ほむだ》皇子）が、無視されているのである。

これは普通では、考えられない。

だいたい、応神天皇は、八世紀の天皇家の「始祖」継体天皇の祖であるのに、なぜこのような扱いを受けなければならなかったのだろう。

ところで応神の出生の謎は、仲哀の変死の謎でもある。

既に『日本書紀』の記述を見てきたように、仲哀は「神の言葉」を疑い、だからこそ、神の怒りを買って変死したのである。

これが「神話」としても、ここから先、応神の出生をめぐるすったもんだを考えれば、仲哀天皇の不審な死は、いっそう謎めいてくる。

さて、ここであらためて、仲哀天皇の崩御《ほうぎょ》された日にちを確認しておこう。『日本書紀』には、仲哀天皇九年春二月五日に、仲哀天皇が衰弱し、翌日亡くなられたと記されている。したがって、命日は二月六日、ということになる。

では、応神天皇の誕生日はいつなのか。

ここでまず、神功皇后の奇妙な行動を思い出す。それは、新羅《しらぎ》征討に船を向かわせようとするその時、ちょうど産み月に当たっていた。それで皇后は、石を取って腰に挿《はさ》んで（腰帯に石を挟む呪術、まじない）、

「征討を終えてかえってきたその日に、この地で生まれますように」

と必死に祈ったというのである。これが九月の時点だから、仲哀天皇の崩御から半年ちょっと、という時点に当たる。

神功皇后は、海神《わたつみ》らの力添えをもらい、新羅を一気に圧倒すると、筑紫《ちくし》にもどり、十二月十四日、誉田天皇《ほむだのすめらみこと》が生まれた、と記録している。

注意してもらいたいのは、仲哀の死が二月六日で、応神の生誕が十二月十四日という二つの日付である。かつて子どもは「十月十日」で生まれると信じられていたところがミソである。今日、科学が発達し、じっさいには、十ヶ月を待たず子どもが生まれ落ちると分かっているが(統計的には二百八十一十七日とされている)、『日本書紀』は、産み月の話を差しはさみながら、しっかり、仲哀の死から応神の誕生までの期間を、ぎりぎり十月十日の中に収め込んでいたことになる。仲哀天皇の死が二月六日だから、十二月十六日がタイムリミットで、ぎりぎり数字的には応神は仲哀の子、という形になるわけである。

この符合は、何を意味しているのだろう。

◈仲哀天皇の不気味な変死

そこで『古事記』の記事に注目してみよう。ここでは、仲哀《ちゅうあい》天皇の変死が、『日本書紀』よりも不気味なタッチで描かれているのである。

筑紫《ちくし》の橿日宮《かしひのみや》(『古事記』には訶志比宮《かしひのみや》とある)で仲哀天皇が熊襲《くまそ》を討とうと目論んでいたときのこと、神功《じんぐう》皇后は神託を得た。

この時、仲哀天皇は琴を弾き神を招き寄せ、武内宿禰《たけのうちのすくね》(『古事記』には建内宿禰とある。以下、混乱を避けるため、原則として「武内宿禰」で統一する）は聖なる沙庭《さにわ》にいて神の言葉を乞うた。

すると、神は、「西の方角の宝の国（新羅《しらぎ》）を討て」という。そうすれば、その国を手に入れることができる、というのだ。

だが仲哀天皇は、神の言葉を疑った。

「高いところに上って西の方を見ても、国など見えません。ただ大きな海原があるのみです」

そういって、人を欺《あざむ》く神だといい、琴を弾くのを止め、黙ってしまった。

神は怒り狂い、

「この天下は、お前が統治すべきではない」

と罵倒した。

ちなみに、ここで神は「一道《ひとみち》に向へ」と付け加えている。解釈はむずかしいが、ひとつところをむいて、じっとしていろ、という意味か。

あわてた武内宿禰は、

「恐れ多いことです。どうか琴を弾かれますように」

と促すと、仲哀天皇はそろそろと琴を引き寄せて、やる気のないような素振りで弾いていらっしゃった。するとほどなく、音色が途切れたので不審に思って火をかざしてみると、すでに帝は息絶えていらっしゃった、というのである。亡骸《なきがら》を殯宮《もがりのみや》に移しておいて、国中から神に捧げる品々を集め、大祓《おおはらえ》をして祀ると、ふたたび神は現れた。

武内宿禰が神の言葉を求めると、次のように述べたという。

「西の国は、汝命《なんじみこと》（神功皇后）のお腹の中にいる御子の統治する国です」

というので、武内宿禰は、

「恐れ多いことです。それならば、その、神（神功皇后）の腹の中にいます御子は、男女、どちらでございましょう」

と問うと、「男子ぞ」と言った。そして、こう告げた神々は、天照大神《あまてらすおおみかみ》や底筒《そこつつの》男《お》・中筒男《なかつつのお》・表筒男《うわつつのお》（住吉《すみよし》の神）であることがわかった、という。

このような『古事記』の前後の記述には、いくつかの問題点が秘められている。

◆神功皇后と住吉大神の秘め事

まず第一に、仲哀《ちゅうあい》天皇の死を、神功《じんぐう》皇后と武内宿禰《たけのうちのすくね》が看取《みと》っていることである。しかも、仲哀天皇は「急死」「変死」であり、目撃者が二人だけ、という「密室殺人」の要素を秘めているわけである。

そして第二に、応神《おうじん》天皇の出生をめぐる問題だ。

応神天皇が母親のお腹の中にいたときから、ヤマトや朝鮮半島を統治することを宿命づけられていて「胎中《たいちゅう》天皇」と呼ばれた理由が、これで明らかとなる。そして、この一連の流れからして、当然のことながら、応神天皇は、仲哀天皇と神功皇后との間の子、ということになる。

ところが、『古事記』を精密に読めば、「腹の中の子」が、仲哀天皇の子である証拠はどこにもない、ということに気づかれるはずである。

というのも、神が神功皇后の懐妊《かいにん》を告げたのが、仲哀天皇の遺骸を殯宮に収めた直後のことだからだ。

この微妙なタイムラグを無視することはできない。というのも、武内宿禰に正体を明かしたという住吉の神と神功皇后が、怪しい関係にあったという証言があるからである。

住吉三神と神功皇后を祀る住吉大社の伝承『住吉大社神代記《すみよしたいしゃじんだいき》』には、次のような一節がある。それは、仲哀天皇が亡くなった晩の話だ。

是に皇后、大神と密事あり

として、さらにご丁寧にも注を添え、「密事《むつびごと》」の意味を伝えている。すなわちこれは、「俗に夫婦の密事を通《かよ》はすと曰《い》ふ」というのだ。そして、ここに登場する大神とは、もちろん住吉大神《すみのえのおおかみ》にほかならない。

いったい、神と女人が密事をするということは、どういうことなのか。現代人には想像がつかない。

一般に、神に仕える巫女《みこ》は、処女でなければならなかったといわれている。巫女は、神の妻でもあったからだ。したがって、神に仕える巫女でもあった神功皇后と住吉大神の「夫婦関係」は、むしろ当然のことのようにも思われる。まして、神功皇后や応神天皇は「神話」であり、三王朝交替説から考えても、中王朝の始祖王を「神の子」とする意図があったのではないか、と考えられるのである。

たとえば三王朝交替説の水野祐《みずのゆう》氏は、応神天皇の異常出生は、住吉大神に感じて身籠《みご》もった、ということであり、それは「一種の北東アジア的な感生伝説に属するもの」で、「そこにこの天皇が始祖的性格をもついわれが説明されていた」(『日本古代王朝史論各説　下』早稲田大学出版部)とするのである。いかにもありそうなことだ。

◈神功皇后は解離性同一性障害？

少し毛色の違ったところで、安本美典《やすもとびてん》氏の『応神天皇の秘密』（廣済堂出版）がある。

安本氏はその中で、

応神天皇は、日本の古代史上に屹立《きつりつ》するスフィンクスである。謎の人物である。

その謎は、応神天皇陵古墳ほどにも大きい。

と指摘し、応神《おうじん》天皇をめぐるもっとも大きな謎は、不可解な出生と出自にほかならないとする。

そして、応神天皇の親探しの謎解きをはじめる。

まず、あの晩の神功《じんぐう》皇后の行動に的を絞る。すなわち、巫女《みこ》が「神がかる」という状態は、シャーマニズムの基本的な形態であることを認めた上で、精神医学的な意味合いを取りあげている。すなわち、それは「二重人格（多重人格）」であり、「解《かい》離性同一性障害《りせいどういつせいしょうがい》」にほかならない、とする。

では、その精神状態の奥底に、何が隠されているのか、が問題となる。

「神懸り《かみがか》」は、けっして神が存在して、人に憑《つ》くのではない。本人のもつ、別の人格状態である。

とする安本氏は、神功皇后に憑いた神の言葉は、ようするに神功皇后の潜在意識が、平素の人格とは別の形となって現れたことにほかならない、とする。つまり、神の言葉とは、神功皇后の隠された願望にほかならない、というのである。

そして、神功皇后が何を望んでいたのかと言えば、仲哀《ちゅうあい》天皇に対する殺意であったと推理している。

では、応神天皇の父が誰であったのかといえば、推理作家の高木彬光《たかぎあきみつ》氏の考えに賛同している。すなわち、応神天皇は、武内宿禰《たけのうちのすくね》と神功皇后の間の子にほかならないとする。

さらに安本美典氏は、次のように推理を進める。

まず、一般に神功皇后は架空の人物とされているが、それは、『古事記』や『日本書紀』の記述を戦後の史学者が疑いすぎているにすぎないと指摘する。さらに、王朝交替があったというが、それならば、なぜのちの王家は、天皇家が潰されずにつながっていたと記録したのか、その理由がはっきりとは分からないとしている。だから、王朝交替はなかったといい、また、神功皇后は実在したという。そして、神功皇后のもっとも近くにいた男性といえば、武内宿禰にほかならない、とする。

神功皇后にいちばん近かった男性が、応神天皇の実の父と考える説は、十分に成立しうると考える。

というのだ。そしてその傍証《ぼうしょう》として、武内宿禰の末裔たちの多くが朝廷の中枢にあって、しかも女人たちは、大王家の妃となって大王（天皇）を産み落とし、皇族の中に武内宿禰の遺伝子が繰り返し増幅されていった事実に注目している。天皇家の外戚《がいせき》となって権力をほしいままにするという藤原《ふじわら》氏や平氏《へいし》らの政治手法が、すでに武内宿禰によって確立されていたのだとする。

このような豪華絢爛たる閨閥《けいばつ》をつくり、「棟梁《むねはり》の臣《まえつきみ》」と称えられた武内宿禰ならば、応神の父が武内宿禰であってもなんら不思議はない、と安本氏は指摘したのである。

◈神功皇后に殺意はあったのか

安本氏の指摘はもっともである。

しかし、ことはそう単純でもなさそうだ。

まず、神功皇后《じんぐう》の「殺意」云々《うんぬん》に関して、安本氏は、科学的に「憑依《ひょうい》」の意味を説き明かそうと試みている。すなわちそれは、精神病理学の言うところの、多重人格にすぎず、本人の潜在意識の表れだとする。

しかし、現代人の感覚にないものをすべて非現実的とみなし、科学的な説明を加えれば答えが出るという思い込みは、現代人の驕《おご》りではあるまいか。

極論すれば、「科学」とは、人間の知性や理性の限界が、どの辺りにあるのかを知るためのバロメーターにすぎないのである。

人間の知識で分かることを説明するのが科学であり、その限界を超えた先に何があるか、人間とは、むしろほとんど盲目の知性しか持ち合わせていないのであり、みずからの無知を恥じるという謙虚さを失ってはなるまい。

それよりも、この場面で大切なことは、憑依の意味云々ではなく、応神《おうじん》天皇の父親が誰なのか、ということではあるまいか。

劇中劇じみた憑依だけではなく、仲哀《ちゅうあい》天皇の変死も、本当に大切な事件から目をそらすための目くらましにすぎないように思われるのである。

『日本書紀』にすれば、応神天皇の生まれる十月十日ほど前に、「父親が実在し、アリバイを証明してくれれば、あとは用がなくなった」ということではなかったか。

神功皇后の殺意は深読みであり、仲哀天皇がここで死んでくれれば、応神天皇が仲哀天皇の子どもであったことを強く印象づけることができた、という逆説も可能となるのである。

『日本書紀』の目論見は、むしろそちらにあったように思われる。

だが、後世の伝承は、このような『日本書紀』の目論見を嘲笑《あざわら》うかのように、応神の父親は、仲哀ではない、と主張したのである。応神天皇をめぐる本当の問題は、ここにある。

住吉大社では、神功皇后と住吉大神《すみのえのおおかみ》が男女の秘め事をした、というのである。とするならば、応神天皇の父は住吉大神であり、このことが何を意味するのか、そして、なぜ『日本書紀』は応神天皇の父の正体を抹殺したのか、これが大きな問題となってくるはずだ。

もちろん、応神天皇の父の正体が最大の問題なのではない。応神の父の正体が応神天皇の正体を明かし、さらに、このことが、継体《けいたい》天皇の正体を明らかにするのではないかと思えてならないのである。

あらためて述べるが、継体天皇が応神天皇の五世の孫と『日本書紀』が設定する背景には、こういう応神天皇の怪しさが横たわっている、ということなのである。

このことを無視して、継体天皇を語ることはできないのである。

◈応神王朝誕生の裏側に隠された重大な秘密

ところで安本氏は、応神《おうじん》天皇の父は武内宿禰《たけのうちのすくね》だったのではないかと指摘している。

仲哀《ちゆうあい》天皇の亡くなった晩、現場に居合わせたのは『古事記』の文面を見る限り、武内宿禰だけであり、また、こののちの応神と武内宿禰はつねに行動をともにしていくから、当然の推理といえよう。

ただ、ひっかかることがいくつかある。

安本氏は『応神天皇の秘密』のあとがきで、神功《じんぐう》皇后の樹立したヤマトの王権について、つぎのように述べている。

神功皇后が、実力で、天皇位を奪取し、応神天皇に与えたとみてよい。その行動には、正当性がなく、むしろ反逆による政権奪取といってよい。神功皇后のいだく夫仲哀天皇への殺意や、仲哀天皇死後の応神天皇の誕生は、現代ならば、週刊誌やテレビのワイドショー番組のネタになりそうな疑惑をよびおこす。

しかし、神功皇后は、それだけの無理を押し通せる実力をそなえていたのであろう。

たしかに、神功皇后は天皇家としての血が薄かった。したがって、もし仮に、応神が神功皇后と武内宿禰との間にできた子ならば、応神の即位は、クーデターに等しいことになる。

だが、どうにもひっかかる。

しつこいようだが、継体《けいたい》天皇という特殊事情をこれに当てはめると、どうにも納得できないのである。

継体天皇こそが、今日につづく天皇家の走りだというのが、今日的な解釈だ。ならば、なぜ継体が応神の五世の孫と『日本書紀』は記したのかと言えば、それは、継体が素性の怪しいものではなく、ちゃんとヤマトの大王家の血筋を引いている、という設定を必要としたからと説明している。

中国の発想であるならば、ここで、王家の交替があったといってもよかった。『日本書紀』がそれをしなかった理由をあえて探るとすれば、「王位は継承されるべき」という通念が、日本にはあった、ということなのだろうか。

ちなみに私見は、継体天皇は「新王朝」だったとは考えていない。だからここではあくまで、通説の考えにしたがうとどうなるか、ということを模索している。

そこで通説どおりに考えると、継体は新王朝なのに、『日本書紀』はそれを隠し、「そうではなく、応神の五世の孫が継体なのだ」と主張したことになる。

しかし、安本氏が指摘するように、応神の出自は怪しいのである。このことは動かし難い事実だ。しかも、ヤマトにもどった神功皇后が六十九年間も即位できずに、摂政の地位にいたということは、『日本書紀』みずからが、応神王家誕生の裏側に、重大な秘密が隠されていることを暴露しているようなものだ。さらに、その秘密が何かといえば、おそらく、安本氏の言うとおり、応神の出生の秘密であろう。

そうなるといっそうのこと、継体天皇が「新王朝」ではないことを証明するために、あえて「出生の怪しい応神」を祖にもってくる必要性を見出せなくなってくるのである。

継体が新王朝ではないことを証明できたとしても、応神が「クーデター政権」そのものではないかという疑惑が、容易に上がるようなそんな軽率な行為を、なぜ『日本書紀』の編者は取ったというのであろう。

「政変」「クーデター」「王朝交替」という、律令天皇制国家の安定を脅かすような発想を否定しようとする書物が『日本書紀』であるならば、このような話の構築は、不自然きわまりない。

とするならば、ここには、安本氏も気づいていない、もっと別のカラクリが隠されていた、ということではなかったか。

◈やはり怪しい応神天皇

応神《おうじん》天皇がいったい誰の子だったのか、この謎はひとまずおいて、怪しい応神天皇の話をもう少し続けよう。

さて応神天皇といえば、大分県宇佐《うさ》市の宇佐神宮が名高い。

宇佐平野を見下ろす高台に鎮座する宇佐神宮は、瀬戸内海ににらみをきかす水上交通の要衝でもある。のちに触れるように、この辺りの水域が古代史に果たした役割は果てしなく大きい。そして、宇佐にまつわる神々は、ことごとく「海」と密接な関係にあったことは、言うまでもない。

さて、そんな宇佐神宮の祭神は、八幡神《はちまんしん》＝応神天皇（誉田別尊《ほむだわけのみこと》）、神功《じんぐう》皇后（気《おき》長足姫命《ながたらしひめのみこと》）、そして比売大神《ひめおおかみ》ということになるが、正確に言うと、八幡神と応神天皇は、本来同一だったわけではない、とする説が根強い。だいたい、奈良時代以前、八幡神と応神天皇や神功皇后が結びついていたというたしかな証拠は見つかっていないのだ。

謎に満ちた宇佐神宮

たとえば、文献に見える八幡神＝応神説の初見は、弘仁《こうにん》六年＝西暦八一五年だった。大神清麻呂《おおがのきよまろ》解状《げじょう》のなかに、八幡神を指して「件大菩薩是亦（品）太上天皇御霊」とあり、「品太《ほむだ》天皇＝応神天皇」としているものである。

もちろんこれは平安時代であり、八幡神と応神天皇が重なったのは、早くても奈良時代だろう、と考えるのが一般的だ。

では、どうして八幡神と応神天皇が習合していったの

八幡神（奈良県奈良市）を勧請した東大寺

かというと、少し説明が必要だ。

八幡神は、奈良時代の天平勝宝《てんぴょうしょうほう》元年（七四九）十一月に東大寺《とうだいじ》大仏建立《だいぶつこんりゅう》のためにと託宣《たくせん》を下し、上京して、東大寺の鎮守《ちんじゅ》の神となった。これ以来八幡神は、日本を代表する神に成長していった。中世には武士の信仰も集め、神社の数で言えば、稲荷《いなり》神社と並び、日本で最多の社数を誇るのである。

平安京《へいあんきょう》には、貞観《じょうがん》二年（八六〇）に勧請《かんじょう》された。京都府八幡《やわた》市の男山《おとこやま》（標高百二十二メートル）に鎮座する石清水八幡宮《いわしみずはちまんぐう》がこれで、やはり、淀川《よどがわ》と三河川《みかわがわ》が合流する、水運・交易の要衝《ようしょう》を見下ろす立地となっている。八幡神が古代の富や権力と密接につながっていた証であろう。

八幡神が祀られる東大寺の鎮守・手向山八幡社

じっさい、この勧請には、藤原氏の強い意向が働いていたようだ。摂関政治という権力装置を維持するための守り神が、石清水八幡宮だった、というわけである。

というのも、八幡神が平安京に勧請された時代、藤原氏は藤原明子《ふじわらのあきらけいこ》の腹から生まれた皇子を即位させることに成功していた。これが清和天皇で、数え年で九歳の幼帝を強引に即位させてしまったためにその正当性を必要とし、八幡信仰が利用された可能性が浮彫になってくるわけである。

八幡神は、ただ天皇家の祖だから信仰を集めたというわけではない。八幡神は民間の根強い母子信仰に支えられていた。しばしば八幡神が、母神の神功皇后と共に「幼童」の姿で祀られているのは、これが世界中に広がる母子神信仰から発生したものともいわれている。

そこで岡田精司《おかだせいし》氏は、

幼童の清和天皇とその母、藤原明子の母子像が、八幡神＝応神《おうじん》天皇とその母、神功皇后に投影されていることが理解できます（『京の社』塙書房）。

と指摘している。

また、このころ、八幡神と応神天皇が同一と考えられるようになったことで、八幡神を利用する価値が高まった、と岡田氏は指摘している。

その証拠に、石清水八幡が創建された直後、石清水八幡宮に勅使《ちょくし》が送り込まれ、神前で奏上《そうじょう》した告文の中に、八幡神は「我が朝の大祖」と書かれている。「大祖」は天皇家の祖そのものであり、ここに、八幡神と天皇家のつながりが、強く意識されていたことが分かる。

なるほど、いかにも説得力があるように見える。

◈応神天皇と八幡神は別物？

岡田氏のみならず、宇佐《うさ》神宮の祭神は、当初応神《おうじん》天皇とは無関係だった、という考えは根強いものがある。

もちろん、宇佐神宮が発展する段階で、いろいろな人びとがこの地に根を下ろし、原始的な信仰形態から今日につづく八幡《はちまん》信仰が育まれていったことは間違いない。また、この地域が大量の渡来人を受けいれ、渡来系の文化に彩られていることも間違いない。また、先住の辛嶋《からしま》氏とあとからやってきた大神《おおが》氏とのあいだに起きた主導権争いも、祭祀に微妙に反映している疑いが強い。

そういう諸々の問題も含めて、通説は、応神天皇と八幡神のつながりは、後世の附会《ふかい》に過ぎない、とするのである。

理由は簡単なことだ。宇佐神宮で祀られる神は、もともと「応神」や「誉田《ほむだ》」というような応神天皇を直接指すものではなかったことだ。さらに、『日本書紀』に描かれた「応神」そのものが「神話」であり、後世の捏造《ねつぞう》であるとするならば、宇佐神宮の祭神が応神天皇と結びつけられていったのは、だいぶ時間がたってからのこと、という発想である。

日本を代表する現人神を祀る葛城の一言主神社

しかし、別の見方も可能だ。

応神天皇のモデルとなった何者かがじっさいにいた、と仮定しよう。もちろん、モデルが生きていた時代、応神や誉田という名ではなく、もっと別の名で呼ばれていたのだろう。その業績を称え、あるいはその人物の祟《たた》りを恐れ、宇佐の人びとが八幡神として祀《まつ》り（あるいは当初はもっと違った名であったかもしれない）、その祭神の歴史上の足跡が八世紀の『日本書紀』の編纂《へんさん》で取りあげられ応神天皇となった……。さらに、後世、本来同一だった応神天皇と宇佐八幡神の祭神が結びつけられていった、という可能性が残っている。

なぜこのような瑣末《さまつ》とも思える一神社

の祭神に注目するかというと、宇佐の八幡神は、どう考えても、「普通の神」ではないからであり、その異常ぶりが、応神天皇の生涯と重なっているように思えてならないからである。

日本には「現人神《あらひとがみ》」と呼ばれる神々がいて、生きている現人神では「天皇」が有名だが、平安時代では菅原道真《すがわらのみちざね》、それ以前では、航海の神＝住吉大神《すみのえのおおかみ》、葛城山《かつらぎ》の一言主神《ひとことぬしのかみ》、そして八幡神が有名だった。

天皇を現人神と呼ぶのは理由が分かるような気がするが、すでに神社に祀られている神々を指して、なぜ「現人」と呼んだのだろう。

じつは、「現人神」は、人の姿となってこの世に現れる神を意味しているが、なぜいないはずの神が形をもってこの世に現れるのかというと、「強い霊威」をもっていること、そしてその「霊威」とは、「祟《たた》る力」を意味していたということなのだ。ようするに「化けて出た」わけである。

そう、「現人神」には、「祟る恐ろしい神」という意味が含まれていたのである。

そしてじっさいに、応神天皇も、祟る神と考えられていた気配があり、ここでまず「祟る」という属性において、応神と宇佐八幡は、重なってくるのである。

祟るという属性が重なる事実を軽視することはできない。国家レベルの祟りの背後には、かならず権力闘争という要因が隠されているからで、政争の勝者は敗者の祟りに怯えるとともに、祟るということは勝者側にやましい気持ちのある裏返しであり、とするならば勝者は紛争のありかを隠匿し、さらには往々にして、敗者の正体を抹殺してしまうものだからである。

つまり、八世紀の朝廷が応神天皇と八幡神の正体を抹殺し、奈良時代、あるいは平安時代にはいってようやく両者が「再会」したという可能性も出てくるのである。

では、なぜ応神天皇が祟る神といえるのか、そのあたりの事情を説明しよう。

◈祟る応神天皇

祟る応神《おうじん》天皇は、まずその漢風諡号《かんふうしごう》からして、はっきりしている。

漢風諡号は奈良時代に淡海三船《おうみのみふね》が歴代天皇にあてがったものだが、天皇の名に「神」の名が冠せられているのは、初代神武《じんむ》、第十代崇神《すじん》、第十五代の応神の三人だ。そして、応神の母・神功《じんぐう》皇后を入れれば、四人ということになる。

この四人に共通しているのは、「王朝交替」があったとする史学者たちが、始祖王に挙げている、ということだ。そのいっぽうで「初代王」それぞれに「神」が冠せられているのは、遺業を称えているからと思われがちだが、古代における神の本性は「鬼」であり、祟る神であることはすでに述べておいた。

つまり、古代の大王を代表する三人がみな「神」と名付けられたのは、彼らに「強い霊威」があったからで、その霊威とは何かといえば、それが「祟る力」にほかならない。

この点、神武も崇神も応神も、また神功皇后も、正真正銘の現人神《あらひとがみ》＝鬼であったと捉え直すことができる。

その証拠に、神功皇后は平安時代にいたっても、祟る女神と恐れられていたし、応神天皇がしばしば「幼童」の姿で祀られているが、これには深い意味があったはずだ。「童子《どうじ》」が「祟る鬼」であることは、他の拙著で何度も触れてきた。たとえば、聖徳太子《しょうとくたいし》も童子の姿で祀られている例が多いが、これも、聖徳太子が現人神であり、祟りと強いつながりをもっていたからにほかならない。祟るからこそ、聖徳太子は厚い信仰に守られていったのである。

また、応神の九州からヤマトに向けた「東征」も、武力による征討というよりも、「呪術合戦」の様相を示していた。そしてこのような、呪術を駆使したヤマト入りという物語は、応神と神武に共通である。

崇る王？　神武天皇陵（奈良県橿原市）

念のために言っておくが、神武天皇の東征は、けっして強力な武力による征服戦ではなかった。いったんはヤマトの土着勢力にこてんぱんにやられた神武一行は、紀伊半島を大きく迂回し、神に助けられ、神を祀って負けない力を身につけた、と記録されている。

なぜ神武も応神も、「神」の名を与えられ、「強い霊威」を獲得していったのかといえば、彼らが現人神であり、崇る王だったからだろう。

では、なぜ彼らが崇ると考えられるようになったのか、という疑問が湧くが、このあたりの事情は次章でふたたび触れるとして、ここでは、崇る応神天皇が、どのような行動をしていたのか、を考えておこう。

応神天皇の恐ろしさがよく分かるのは、『古事記』である。

それによれば、息長帯日女命《おきながたらしひめのみこと》（神功皇后）がヤマトに帰還するときのこと、ヤマトの皇子たちが刃向かうのではないかという猜疑心《さいぎしん》があったから、ひとつ喪船《もふね》を用意し、御子《みこ》（応神）をその船に兵士とともに乗せ、「御子は既に亡くなられた」とデマを飛ばしておいた。

この時応神のヤマト入りを阻止しようと立ち上がった香坂王《かごさかのみこ》と忍熊王《おしくまのみこ》は、斗賀野《とがの》（大阪市北区兎我野町《とがの》）に進出し、吉凶を占う狩りをした。ところが香坂王は、怒り狂った猪に食い殺されてしまったのだ。

弟の忍熊王は、この凶事を意に介さず、神功皇后の軍勢に激しく戦いを挑んでいる。

これに対し喪船の兵士を上陸させた息長帯日女命は、丸邇臣《わにのおみ》の祖・建振熊命《たけふるくまのみこと》を将軍に立て、敵を破った。忍熊王を山代に追いつめると、建振熊命は計略を用いて、

「息長帯日女命はすでに亡くなられた。だから、もう戦は止めよう」

と伝えさせ、弓の弦を切り、相手を油断させた。そして髪の毛の中に隠していた

弦を使って、忍熊王を追い払った。結局忍熊王は、琵琶湖に入水《じゅすい》して果てたのである。

この一連の戦闘シーンは、どうにも不可解だ。

普通、味方の旗頭が死んだら、戦闘中は喪を伏すのが自然である。死を知られれば相手を勇気づけ、それだけで不利になるからである。

『三国演義《さんごくえんぎ》』のなかで、死した諸葛孔明《しょかつこうめい》が敵を何里も敗走させたとあるのは、生きているように見せかけて戦場に姿を現したからにほかならない。

ではなぜ、応神も息長帯日女命も、どちらも本当は生きているのに、わざわざ死んだのだと、敵に伝えたのだろう。

それは、二人の死が、祟る恐怖になることを知らしめたかったからではなかったか。

じつを言うと、応神とその母・神功皇后が、『日本書紀』や『古事記』の記述とは裏腹に、じっさいにはヤマトの勢力に敗れ、深い恨みをいだいていたこと、そのことが宇佐神宮周辺に特殊神事として残されていた疑いが強い。

このあたりの事情は、のちにふたたびふれようと思うが、ここでこの章の結論を述べるならば、ようするに継体《けいたい》天皇の祖とされた応神天皇は、祟る天皇だった、ということである。

そして、祟り、出自の定まらぬ怪しげな天皇が、なぜ「始祖王・継体天皇」の系図を飾らなければならなかったのか、いっそう大きな謎を生み出したわけである。

では、この謎を解き明かすことはできるのであろうか。

ヒントは、神功皇后と応神天皇の親子、それに武内宿禰《たけのうちのすくね》が握っている。

以下、継体天皇の謎を探るために、彼らの正体を解き明かしていかなければならない。

第三章

継体天皇とヤマト建国のつながり

◈ヤマトの大王は祟る鬼だから求められた？

なぜ『日本書紀《にほんしょき》』は、継体《けいたい》天皇を応神《おうじん》天皇の五世の孫に位置づけたのであろう。怪しげな応神天皇を、なぜ「始祖王＝継体天皇の先祖」という大役に抜擢したのだろう。

継体天皇を考えるとき、どうしてもこの謎にかえってきてしまうのだが、この謎を解き明かす前に、まず私見の歴史の見方というものを、披露しておかねばなるまい。というのも、その着想も結論も、あまりにも通説とかけはなれているからであり、六世紀の継体天皇の謎を追うのに応神天皇にこれだけこだわるのも、通説のいうヤマト建国から六世紀にいたる歴史観とまったく相容れないからである。

根本の意見が食い違っているのだから、私見の骨子を一から説明しなければならないという煩わしさがある。

さてまず第一に、私見では、三世紀後半から四世紀にかけて、ヤマト朝廷が産声を上げ、その時点から、ヤマトの大王《おおきみ》家に断絶はない、と考えている。

それは時代遅れな考えだ、という指摘もあろう。だが、その「時代遅れ」という言葉を吐くこと自体、「歴史を色眼鏡をかけて見ている」と自白しているようなものである。

たしかに戦後、歴史教育は大きく変化し、神の子＝天皇という幻想は過去のものとなった。そして、「万世一系《ばんせいいっけい》の王家など絵空事」と考えることが進歩的で常識的なのだ、という通念ができあがった。だからこそ、天皇家は三世紀来つづいているのではないか、とへたに唱えれば、「非科学的」という奇妙なレッテルを貼られかねない事態に陥ったわけである。

だが、ヤマト建国が三世紀から四世紀のことで、これに対し継体天皇の出現が六世紀初頭であり、この間、わずかに二～三百年でしかない。王家がつづいていた可能性が全くないわけではなく、少なくとも、前方後円墳《ぜんぽうこうえんふん》というヤマトの象徴的埋葬文化は守られたという事実を、軽視することはできない。また、「倭国《わこく》」という国号も、変わることはなかった。

ちなみに、王朝交替をくりかえした中国では、有名な帝国隋《ずい》や唐《とう》だけではなく、殷《いん》、漢《かん》、蜀《しょく》、呉《ご》、魏《ぎ》、明《みん》など、挙げればきりがないほどの国名が入れ替わった。国王が替われば、王の姓が変わるだけではなく、国名が変わるのも東アジアの常識だったのである。とすれば、天皇家は、三世紀に誕生したヤマトの大王はそのままつづいていたのではないかと思えてくる。

ただ、誤解されては困るのだが、天皇家が万世一系であってほしいと願っているわけではない。

むしろ戦後の史学界の方が、騎馬民族征服王朝説や三王朝交替説など、ヤマトの大王家は何度も入れ替わったとする考えに縛られていたのではなかったかといいたいのである。問題は、これらの説を用いて、古代史の謎が解けたかというと、かえって深まっている点である。

もちろんこれらの考えは、戦前の皇国史観に対する反発を出発点とし、大きな意義をもっていたことは確かだ。しかし、そろそろ新しい視点が必要になってきたのではあるまいか。

では、新しい視点とは何かといえば、その一つは考古学である。

かつてははっきりしなかった邪馬台国《やまたいこく》やヤマト建国をめぐる謎も、最新の考古学は高い精度で解明しつつある。

たとえば三世紀のヤマト朝廷が、絶対権力を持った王権ではなかったことが、考古学の進展によって明らかになって来ている。つまり、「ヤマトの王」は弱い王で、「共立《きょうりつ》された」のであり、だからこそ、この王権をどうしても乗っ取りたい、という気持ちが周囲に芽生えなかった可能性も、少しは考えてもいいのではないか、と思うのである。

そして、次に大切なことは、なぜ弱い王が必要とされたのか、その理由を探ることである。

それはヤマト建国当初、今日につづくヤマトの大王（のちの天皇家）が、じつは「祟《たた》る王」で、祟るからこそ、ヤマトに連れてこられ、逆にこれを篤く祀《まつ》ることで、ヤマトの王は豊饒《ほうじょう》をもたらす現人神《あらひとがみ》になると信じられていたのではなかったか。

もっとも、この仮説は多くの拙著の中で、すでに述べておいた（『呪いと祟りの古代日本史』東京書籍、『出雲建国の謎』ＰＨＰ研究所など）。

◈ヤマト建国を三回に分けて記述した『日本書紀』

私見と通説が異なる点はもうひとつある。それが「スパイラル（螺旋状《らせんじょう》）」という視点を『日本書紀』に持ち込んでいる、ということである。

一般に、『日本書紀』の歴代天皇の中で、初代神武《じんむ》天皇から第九代開化《かいか》天皇までの人物群は、架空にすぎないとされている。そして、神武天皇と第十代崇神《すじん》天皇は、同一人物であった可能性が残されている、ということになる。

なぜそのようなことになるかというと、まず『日本書紀』の編者は、天皇家の歴史を古く長く見せかけるために、実在した初代天皇＝崇神天皇以前に、八代の天皇を埋め込んだ。そして、崇神天皇をモデルに、神話的要素を加えて、神武天皇を登場させた、ということになる。

じっさい、神武天皇と崇神天皇の業績を重ねてみると、考古学の示す三世紀から四世紀のヤマト建国の様子とぴたりと合うことは、他の拙著の中で述べたとおりだ。

また、生きた時代もかけはなれ別人であるはずなのに、どうしたことか、初代神武天皇とそっくりな行動をしていた、というのが、第十五代応神《おうじん》天皇である。

神武天皇は南部九州の日向《ひむか》から瀬戸内海を東に向かい、紀伊半島を大きく迂回し、ヤマトに入った。これに対し応神は、北部九州で生を享《う》ると、武内宿禰《たけのうちのすくね》に守られ瀬戸内海を東に向かい、一度紀伊半島を南下し、さらに北上して畿内を制圧したという。

北部九州と南部九州という出発地の違いがあるが、二人が九州からヤマトに入ったことはたしかだ。そして、日向から北に向かった神武は、宇佐《うさ》に立ち寄ったあと、それから真っ直ぐにヤマトに向かわずに、玄界灘《げんかいなだ》に面する宗像《むなかた》のあたりで道草している。この宇佐も宗像も、応神天皇とゆかりの深い土地である。

海の女神を祀る宗像大社(沖の島)

結局、神武は玄界灘から関門海峡《かんもんかいきょう》を抜けて瀬戸内海に入ったわけで、これは応神天皇と全く同じルートである。

なぜ神武と応神は、似たような場所からヤマトに向かったのだろう。じつは、第十五代とされる応神天皇も、ヤマト建国の大王であり、神武と同一だったのではないかと、筆者は疑っている。

つまり、『日本書紀』の記述は、ヤマト建国の様相を三回に分け、三人の大王に分けて語っている疑いが強いのであり、崇神と応神の二つの王家の間に断絶があったと一般的に考えられているのは、『日本書紀』の読み間違えではないかと思えてならないのである。

応神天皇がヤマト朝廷誕生時の始祖王で

はないかと疑うもうひとつの理由は、母親の神功皇后《じんぐう》という存在があるからだが、そのことはこのあと触れるとして、ここでいいたいのは、すなわち『日本書紀』の神話から第十五代応神天皇までの記述は、時間が直線的に延びているのではなく、スパイラルを形作り、同じ話を螺旋状に三回、四回と分けて記録している、ということである。

ついでまでに言っておくと、応神天皇と神武天皇だけではなく、継体《けいたい》天皇と神武天皇にも、わずかながら接点がある。

まず第一に、両者はヤマトの外からやってきた。そして第二に、神武天皇には日向からヤマトまで、大伴《おおとも》氏の祖が寄り添い、かたや継体天皇擁立に奔走したのも、やはり大伴氏だった。したがって、継体天皇と神武天皇の間にも、何かしらのつながりがあったということなのだろうか。

では、なぜこのような複雑な構造が必要になったのかといえば、八世紀の『日本書紀』を編纂《へんさん》した朝廷が、歴史改竄《かいざん》を試みたからにほかならない。そして、歴史書を通じて歴史をすり替える必要がたしかに八世紀の政権にはあったのである。

◈ヤマトの始祖王・応神天皇の父は武内宿禰？

八世紀に『日本書紀』が編纂された当時、政界を牛耳っていたのは藤原《ふじわら》氏だった。彼らは、七世紀に蘇我《そが》氏を、八世紀には物部《もののべ》氏を没落させることによって盤《ばん》石《じゃく》な体制を固めつつあったのである。

そんな藤原氏が『日本書紀』編纂に大きな影響力をもっていたわけで、蘇我氏や物部氏を追いやって政権を獲得したことの正当性を証明する必要があった。とくに、蘇我氏に対しては、藤原氏は血の粛清《しゆくせい》を加えているわけだから、弁明をしなければならなかった。

藤原氏は自家の祖を神話の世界に求めているが、じっさいには出自が怪しかったことは、通説も認めている。中臣鎌足《なかとみのかまたり》が茨城県の鹿島《かしま》出身だったのではないか、とする説などが有名だが、私見は中臣鎌足を、人質として来日していた百済王《くだらおう》・豊《ほう》璋《しょう》その人とみる。

いずれにせよ、藤原氏は先祖を神に求め、みずからの正統性を証明した。あとはいかに蘇我氏を悪役に仕立て上げるかに腐心したに違いないのである。

ただここでひとつの問題に突き当たる。それは、藤原氏が七世紀の歴史に手をくわえて蘇我氏を大悪人に仕立て上げたにしても、では三世紀のヤマト建国の様相も、闇に葬ってしまうなどということがありうるだろうか、ということであろう。

しかし、私見通り神武《じんむ》と崇神《すじん》、そして応神《おうじん》が本来一人の人物で、しかも、それをわざと三体に分けてしまったとするならば、ひとつの興味深い事実に気づかされるのである。それが、応神天皇の忠臣としてよく仕え、応神のヤマト入りの功労者であった武内宿禰《たけのうちのすくね》のことだ。

『古事記《こじき》』は武内宿禰を蘇我氏の祖だったと指摘しているのだから、蘇我氏がヤマト建国と少なからずかかわりをもっていた可能性が出てくるわけである。

ところが、『日本書紀』は蘇我氏の祖について、まったく語っていない。このため、通説は「蘇我氏の祖が武内宿禰」という話は、本来なら出自の怪しい蘇我氏が蘇我氏の全盛期に、勝手に系譜を捏造《ねつぞう》してしまったのだろうと考えている。だが、これは大きな勘違いである。

たしかに、七世紀の蘇我氏は飛ぶ鳥を落とす勢いであり、自家の系譜を誤魔化すことぐらい、朝飯前であったろう。だが、本当に蘇我氏が系譜を捏造していれば、蘇我氏を滅ぼした藤原氏はその事実を嘲笑い、汚い手口として、記録してもよかったのだ。しかし、藤原氏はどうしたかというと、蘇我氏の祖について、沈黙を守った。

これは、藤原氏が、蘇我氏の祖を公にしたくなかったということでしかない。知

藤原氏の氏寺・興福寺の東金堂（奈良県奈良市）

られたくないということは、知られたら、藤原氏の蘇我潰しの正当性が瓦解《がかい》しかねないほど、蘇我氏が正統な一族だったということであろう。

つまり、他の拙著の中でさんざん述べてきたように、『日本書紀』が三世紀のヤマト建国の様相を熟知していて、その上でいきさつを闇に葬ってしまったのは、結局、蘇我氏がヤマト建国に密接にかかわっていたからではあるまいか。

ヤマト建国から蘇我氏の全盛期までたったの三百年。おおよそ関ヶ原《せきがはら》の合戦から明治、あるいは現代までと同じぐらいの長さだ。この間、蘇我系豪族が生きながらえ、ヤマト朝廷を支えていたとしても、なんの不思議もない。

そして、継体《けいたい》天皇の祖とされる応神天皇、その母・神功皇后《じんぐう》が、『古事記』のいうところの蘇我氏の祖・武内宿禰と濃密な関係を持っていたことを、忘れてはならないであろう。安本美典《やすもとびてん》氏が指摘するように、ひょっとしたら、「ヤマトの始祖王・応神天皇」の父は、武内宿禰だったかもしれないのだから……。

◈蘇ったのは継体天皇と蘇我氏?

ここで問題を整理しよう。

まず、つぎのように仮定してみよう。『日本書紀』編纂《へんさん》者の中には藤原《ふじわら》氏がいて、彼らは、三世紀のヤマト建国の真相を、熟知していた。熟知していたからこそ、実態を闇に葬らざるを得なかった。なぜならヤマト建国に、宿敵蘇我《そが》氏の祖が、大活躍をしていたからである。そして、『日本書紀』は、継体《けいたい》天皇の正体をも知っていた。知っていたからこそ、応神《おうじん》天皇の五世の孫、と位置づけたのだろう。ただし、その応神天皇という人物が曲者《くせもの》で、じっさいには、神武《じんむ》や崇神《すじん》と同様、ヤマト建国時の大王であった可能性がある。

とするならば、継体天皇の秘密を握っているのは、「ヤマト建国」であり、継体天皇が始祖王から枝分かれした系譜をもっていた可能性が出てくるのである。

そして、あらためて確認しておきたいのは、八世紀の朝廷が、ヤマト建国の真相を闇に葬ったのは、蘇我氏の祖の活躍を抹殺するためだったということだ。

なぜこの一点を強調するのかと言えば、継体天皇擁立の前とあとで、はっきり異なるのは、蘇我氏が発展したことだからであり、さらにこのとき、本来、須賀《すが》であり宗賀《そが》であったはずの名を、わざわざ「蘇我」にあらため、「我れ蘇《よみがえ》れり」と高らかに宣言して中央政界に出現した意味を、軽視することはできない。「蘇った」のは、継体天皇だけではなかったのだ。蘇我氏も蘇っていたわけである。そして因縁は、おそらくヤマト建国や武内宿禰《たけのうちのすくね》の活躍にまで遡るに違いないのである。

すなわち、継体天皇の正体を知るために、まず、蘇我氏の祖とされる武内宿禰の

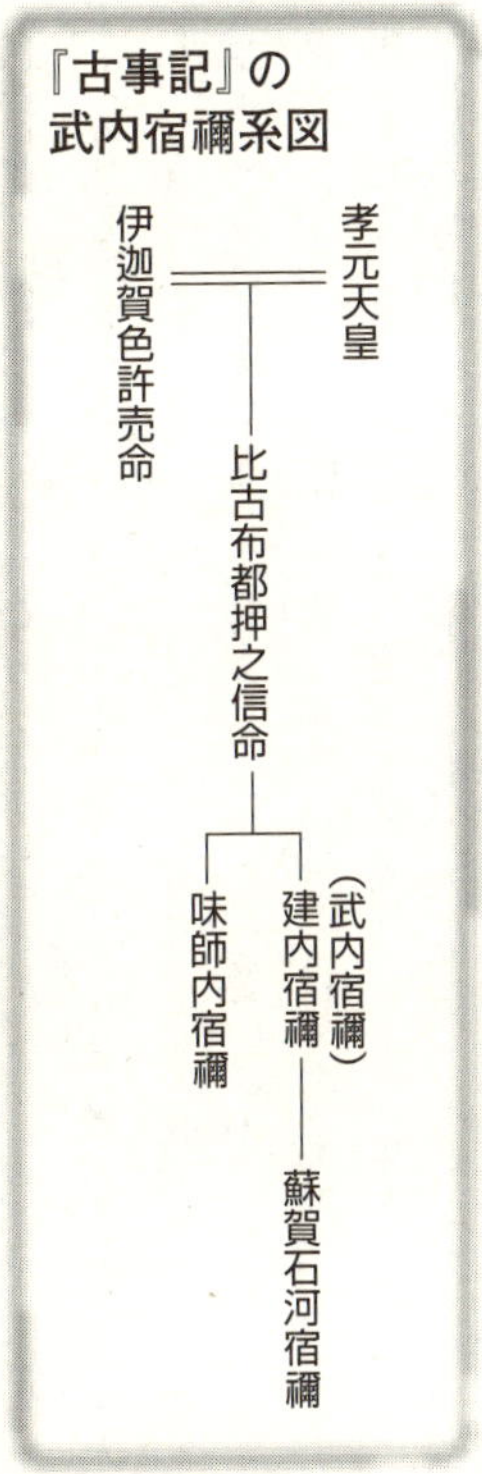

『古事記』の武内宿禰系図

素性を追ってみたくなるのである。

『日本書紀』によれば、武内宿禰は第八代孝元《こうげん》天皇と物部《もののべ》系の女人・伊香色謎命《いかがしこめのみこと》の間の子・彦太忍信命《ひこふつおしのまことのみこと》の孫であったとする。これに対し、『古事記』は、やはり孝元天皇と物部系の伊迦賀色許売命《いかがしこめのみこと》（伊香色謎命）の間の子が比古布都押之信命《ひこふつおしのまことのみこと》（彦太忍信命）で、建内宿禰《たけうちのすくね》（武内宿禰）は比古布都押之信命の子どもだったとある。そして、『古事記』には、建内宿禰が蘇我氏や許勢《こせ》氏、高向《たかむく》氏らの祖であったと記している。

孝元天皇自体、架空とされているから、これらの系譜は、後世の捏造《ねつぞう》にほかならないというのが、一般的な考えだ。

六世紀から七世紀にかけて、蘇我氏が武内宿禰に系譜を重ね『日本書紀』がこれを取りあげていったのだとか、藤原氏が中臣鎌足をモデルに武内宿禰という偶像を七世紀にでっち上げた、などとする説もある。

いずれにせよ、武内宿禰の活躍は、人並み外れたものがあるが、だからこそ、「神話」と切り捨てられてきたことになる。たしかに、三百歳の長寿を保ち、歴代の王朝に抜群の活躍を見せたという話が、信じられるわけはなかったのである。

る。

◈武内宿禰はヤマト建国の当事者か

あまり知られていないが、武内宿禰《たけのうちのすくね》は各地の神社の祭神になって祀られている。

たとえば因幡《いなば》国一の宮は宇倍《うべ》神社（鳥取県岩美郡国府町《こくふ》宮下《みやのした》）で、ここの主祭神は、武内宿禰である。福岡県久留米《くるめ》市御井《みい》の高良《こうら》大社でも武内宿禰が祀られている。もっとも、武内宿禰自体が架空という考えから、いずれも「後世の附会に過ぎない」と指摘されている。

宇倍神社も、やはり、「怪しい」と疑われている神社のひとつなのだが、なぜここの祭神が武内宿禰なのかというと、最大の理由は、『因幡国風土記《ふどき》』逸文《いつぶん》に、次のような記事が載っていることと関係がありそうだ。

それによれば、仁徳《にんとく》五十五年春三月、武内宿禰は三百六十余歳でこの地に下向《げこう》し、亀金《かめかね》（宇倍山の山腹）に履《くつ》を残して隠れてしまったという。また別伝では、宇倍山の山麓に社《やしろ》があって、ここで武内宿禰の御霊《ごりょう》を祀っていたという。昔、東国の蝦夷《えみし》を平らげ、宇倍山に入ってから、終わるところを知らないというのである。

もちろん、この「終わるところを知らず」というのは、道教的な修辞であるから、これらの伝説を、誰も史実であったとは思っていないし振り向きもしない。だいたい、「逸文」そのものが中世のもので、『風土記』編纂《へんさん》時に、本当に書かれていたかというと、じつに怪しいとされているのだ。つまり、いつの間にか宇倍神社の祭神が武内宿禰に比定され、あとから伝説が生まれた、あるいは、尾ひれがついた、ということになろうか。

たとえば、宇倍神社の宮司《ぐうじ》家の系図には、武牟口命《たけむくちのみこと》なる人物の名が載っていて、ここからあやまって、武内宿禰になったのではないか、とする説がある。先述の高良大社でも同様に、武内宿禰を祀ることには、多くの疑問が寄せられているのである。

しかし、このような発想が、まず「武内宿禰はいなかった」という決めつけからはじまっているところに問題がある。

『日本書紀』は、三世紀のヤマト建国の詳細を熟知していたのにもかかわらず、いくつもの話に分解し、三人目のヤマト建国の王・応神《おうじん》天皇の忠臣に、「蘇我《そが》氏の祖かもしれない武内宿禰」をあてがったわけである。とするならば、ヤマト建国の秘密を、誰よりも武内宿禰が握っていて……秘密を握っていた、ということは、ヤマト建国の当事者だった可能性が出てくる、ということである。……その武内宿禰の

武内宿禰や「トヨ」が祀られる高良大社

活躍を知っていたからこそ、藤原《ふじわら》氏は武内宿禰と蘇我氏のつながりを抹殺したというのが本当のところだろう。

だからこそ、繰り返しになるが、継体《けいたい》天皇をめぐる謎解きは、武内宿禰の正体を見極めるところから始めなければならず、そのためには、「ヤマト建国」がいかなるものであったのか、そこまではっきりさせなければならないのである。

逆に言えば、継体天皇が深い謎のベールに包まれていたのは、ヤマト建国から六世紀にかけてのヤマト朝廷の歴史をわれわれが理解していなかったからなのだと察しがつく。六世紀以前が空っぽなのに、六世紀の謎を解こうとしても答えを出せるはずもなかったのである。

とはいっても、『日本書紀』の曖昧な記述から、三世紀から四世紀にかけてのヤマト建国の実態は再現できるはずがない、と多くの方が思われるだろう。しかし、考古学の進展によって、三世紀の西日本の状況がかなり鮮明に再現されるようになってきた。そして、この「物証」を『日本書紀』に掛け合わせたとき、意外な歴史の裏側が垣間見えてくるのである。

では、ヤマト建国にいたる道のりを、考古学はどのように解明していったのだろう。

じつは、邪馬台国《やまたいこく》とヤマト建国＝古墳時代の到来が、ほぼ同時代ということが次第に明らかになってきていて、ヤマト建国の歴史は、大きな書き換えを迫られているのである。何が、どのように、今歴史の書き換えが進んでいるのか、その概略をみていこう。

◈継体天皇を知るための弥生時代

ヤマト建国の歴史を知るには、まず弥生《やよい》時代の歴史をおさらいしておく必要がある（継体《けいたい》天皇の謎解きのために、ついに弥生時代まで遡ってしまうとは!!　ご容赦!!）。

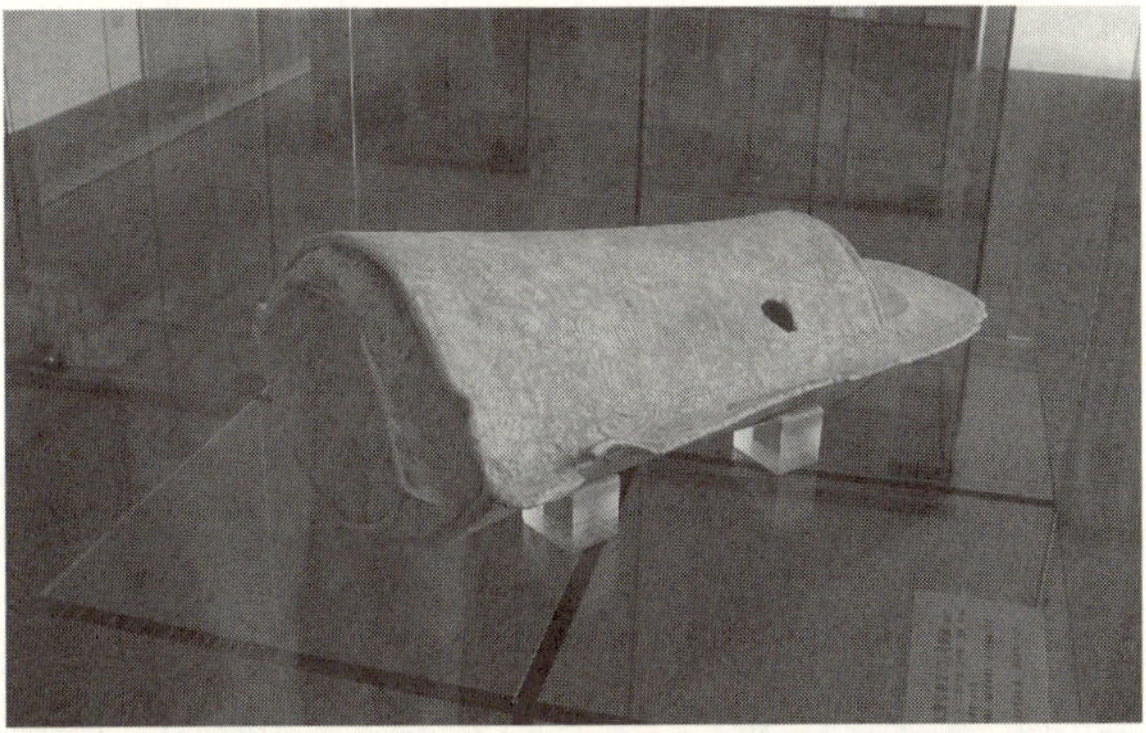
弥生時代を代表する祭具・銅鐸（加茂岩倉遺跡の入れ子銅鐸）

弥生時代は、本格的な稲作が始まった時代であるとともに、日本独自の青銅器《せいどうき》文化が育まれていく時代でもあった。

朝鮮半島では「道具」であった青銅器が、日本に渡ってしばらくすると、次第に大きな代物に変化し、「祭具《さいぐ》」としての性格を帯びていったわけである。

そして、おおまかに分けてしまえば、弥生時代の西日本は、青銅器文化の差から考えて、二つのグループがあった。北部九州と瀬戸内海西部を合わせた地域と、畿内《きない》を中心とした瀬戸内海東部のグループだ。

前者には銅矛《どうほこ》、後者には銅鐸《どうたく》の文化圏が確立されていたのである。

ところが、弥生後期にはいると、このような分布域に変化が現れる。瀬戸内海の中ほどの吉備《きび》のあたり、それから、日本海の出雲の周辺で、独自の青銅器文化圏が生まれていったのである。

そして、ここから、西日本の政局は流動化していったようだ。

まず、特筆すべきは、瀬戸内海に「鉄」が入らなくなった。この原因を、北部九州勢力による「関門海峡《かんもんかいきょう》の封鎖《ふうさ》」だったのではないか、とする説がある（近藤喬一《こんどうたかいち》『古代出雲王権は存在したか』松本清張編、山陰中央新報社）。このため、ヤマト建国の前後まで、ヤマト近辺や瀬戸内海東部は、北部九州の嫌がらせによって、慢性的な鉄不足に悩まされていたのではないか、という憶測である。これは推理ではなく、少なくとも、考古学的には北部九州と近畿地方では鉄の出土量で、月とすっぽんほどの格差が生まれていたのである。

ところがここで、漁夫《ぎょふ》の利《り》を得た地域がある。それが、出雲を中心とした山陰地方だった。

これも、推測でいっているのではない。鳥取県の日本の弥生後期を代表する二つの遺跡、青谷上寺地《あおやかみじち》遺跡（気高《けたか》郡青谷《あおや》町）や妻木晩田《むきばんだ》遺跡（西伯《さいはく》郡淀江《よどえ》・大山町）から、想像を絶する量の鉄が、地中からざくざくと出てきたのだ。しかも二つの遺跡とも、「潟《かた》（ラグーン）」と呼ばれる天然の良港に隣接した遺跡だったから、鉄の

弥生人の脳が発見された青谷上寺地遺跡

山陰の流通の要・妻木晩田遺跡から出雲方面をのぞむ

邪馬台国発見！と騒がれた吉野ヶ里遺跡

流通にかかわっていた集落であった疑いが強くなってきた。

ちなみに、集落といっても、たとえば妻木晩田遺跡は、総面積約百五十二ヘクタールだから、あの有名な佐賀県の吉野ヶ里《よしのがり》遺跡よりも大きいのだ。

つまり、関門海峡が閉鎖され、これに目をつけた山陰地方の首長層たちが、北部九州に独占されてしまった鉄の流通を、日本海ルートによって復活させた、ということになる。

さらに問題は、青谷上寺地遺跡では、大量の戦闘によるとみられる遺骸が発見されたことだ。これは『魏志《ぎし》』倭人伝《わじんでん》にある、ヒミコ共立《きょうりつ》（二世紀末）の直前の倭国の争乱の時期と重なるところから、弥生時代最後の争乱に、山陰地方が巻き込まれていた可能性が出てきたのである。

◈ヤマト建国の秘密を握る纒向遺跡

そして、もうひとつ大切なことは、この直後の三世紀初頭のヤマトに、かつてない巨大な政治と宗教の都市・纒向《まきむく》（奈良県桜井市）が出現していたこと、この纒向には、吉備《きび》や山陰、北陸、東海の土器が続々と集まっていたことである。

纒向が西日本のみならず、各地の首長層の協力のもとに成長していたことは、纒向の出現とともに誕生した前方後円墳《ぜんぽうこうえんふん》が、やはり各地の埋葬文化を重ねて生まれていたらしいことからも分かる。

そして、このようなヤマト朝廷の黎明期《れいめいき》に「核」となったのが「吉備」と「出雲」であった。

まず、三世紀の前半に「吉備」が纒向の中心勢力になり、後半には「出雲」の影響が強くなったと考えられる。

ちなみに、出雲の影響が強くなって生まれた土器が布留式土器《ふるしきどき》（土師器《はじき》）と呼ばれるもので、この土器の出現と前方後円墳の完成は、ほぼ同時なのである（これ以前に造られた原初的な前方後円墳は、纒向型前方後円墳と呼ばれている。ただし、

発掘後、すっかり埋め戻された纒向遺跡

この古墳も、れっきとした前方後円墳にほかならない、とする説もある）。

ついでまでに言っておくと、三世紀後半の布留式土器が出現した頃に、纒向の規模が一気に拡大している。また、前方後円墳の完成が、ヤマト建国を意味している。

つまり、ヤマト朝廷建設の最終段階で、出雲が大活躍していた疑いは強くなるいっぽうなのである。

出雲地域は弥生後期に鉄の流通によって急成長したのち、北部九州との間に交流を持ち、さらには近畿地方に進出していた可能性が高いのである。

ところで、他の拙著の中で繰り返し述べてきたように、「出雲」を代表する古代豪族は、物部《もののべ》氏であった。北部九州には物部氏のかつての勢力圏が残っているが、この強烈な残像こそ、古代出雲の北部九州に向かった活躍の痕跡そのものだったと考えられる。

ただ、いっぱんには、このような考え方は通用していない。たとえば谷川健一《たにがわけんいち》氏は『白鳥伝説』（集英社文庫）の中で、物部氏はもともと北部九州にいて、天皇家の先遣隊として、まずヤマトに向かったのだとする。

どうしてこのような発想が生まれるかというと、『日本書紀』に、神武《じんむ》東征以前、ヤマトには饒速日命《にぎはやひのみこと》なる人物が「降臨」していて、土着の首長・長髄彦《ながすねひこ》の妹を娶《めと》り、君臨していたと記録されているからだ。ここに登場する饒速日命こそ、物部氏の始祖であり、このような『日本書紀』の記述から、物部氏が北部九州からヤマトを目指したことは明らかだ、と谷川氏は指摘したわけである。

饒速日命が舞い降りたという
磐船《いわふね》神社（大阪府交野市）

だが、このような発想に荷担することはできない。

まず『日本書紀』には、饒速日命が北部九州からやってきたとは記されていない。いずこからともなくやってきたのであり、この

物部氏の氏神を祀る石上《いそのかみ》神宮(奈良県天理市)

『日本書紀』の沈黙は問題である。さらに、古代の文化、技術は、すべて西から東に流れた、という常識は、一度考え直す必要があるのではないか。

だいたい、弥生時代の終わりが近づくにつれ、北部九州は衰弱している。昔日《せきじつ》の面影《おもかげ》はもはやなく、豪華だった副葬品は、だんだん貧弱なものとなっていったのだった。このような情勢の中、日の出の勢いにあった瀬戸内海東部に向けて、「征服者」が二段構えで東進した、というこれまでの発想は、もはや通用しなくなっているのである。

そうではなく、物部は「東から西」に向かったと考えざるを得ない。というのも、山陰の新興勢力は、すでに触れたように、さかんに北部九州と接触を持っていったし、三世紀に入ると、北部九州の沿岸地帯は、ヤマトに生まれたばかりの「纒向型前方後円墳」を競って受け入れていた。これも、出雲（物部）の働きかけによるところが大きいと考えられる。

このように三世紀前後のヤマト建国の過程が考古学ではっきりしてくると、『日本書紀』や『古事記』の記述の不自然さが際立ってくる。たとえばヤマト朝廷の初代王・神武《じんむ》天皇は、まるで征服戦を仕掛けるかのように、九州からヤマトに向かったと言い張り、もちろん、ヤマト建国に大活躍したであろう「出雲」は、蚊帳《かや》の外である。

◈九州から東へではなくヤマトから西へ

前著『出雲神話の真実』（ＰＨＰ研究所）で詳述したように、八世紀の朝廷は、「出雲」の歴史を抹殺し、手柄や功績を闇に葬ろうと必死だったのだ。それはもちろん、物部《もののべ》が「出雲」であり、大王家と同等の伝統を誇っていたこと、さらには、八世紀に物部氏を追いつめ衰弱させることで藤原《ふじわら》氏が政権を掌握した、その正当性を得るためであった。こうして「出雲」は神話の中に封印されたわけである。

つまり、ここで言いたいのは、ヤマト建国の前後、「出雲」はさかんに北部九州に

纏向の象徴・箸中古墳(箸墓)

進出し、「ヤマトの纏向《まきむく》」という新たな潮流に、北部九州を参加させる橋渡し役になった可能性が高い、ということなのである。

そして、三世紀のなかばになると、ヤマトでは箸中《はしなか》古墳などの「定型化した前方後円墳」が誕生し、これが四世紀にかけて、かなりハイペースで、各地に伝播していくのである。

このことは、これまで考えられていたような、「九州からやってきた征服王」という常識を、根底から突き崩してしまっているのである。

これに少し補足しておくと、なぜ繁栄を誇った北部九州が急速に衰退したかというと、北部九州の地形が、特殊な要因を抱えていたからである。

北部九州が弥生《やよい》時代に繁栄したのは、朝鮮半島に近いこと、そして、博多《はかた》という天然の良港があって、壱岐《いき》、対馬《つしま》という半島側に伸びる抜群の中継点をもつという地理的要因が備わっていたからだ。

ところが、長所の裏には短所があるもので、ひとたび東側の瀬戸内海からヤマトにかけての地域に、同等かそれ以上の勢力が生まれ攻撃されたとき、防衛上決定的な欠陥が露呈したのである。

それが筑後川《ちくごがわ》上流、大分県日田《ひた》市の盆地で、ここは「西に強く東に弱い」という地形で、しかも北部九州の穀倉地帯「筑紫平野」ののど元にあたっている。この地を東の勢力におさえられてしまえば、北部九州勢力は、博多周辺に安穏としていられなくなる。海と背後からの攻撃によって、挟み撃ちにされてしまうからだ。

大分県日田市は、北部九州にとって、頭の痛い問題であった。近世の徳川幕府も、日田を天領《てんりょう》とし、北部九州の押さえとしている。

そして三世紀の「東側」は、しっかりと北部九州の弱

邪馬台国問題の鍵を握る小迫辻原遺跡

点をついていた。日田盆地の高台に位置する小迫辻原《おざこつじばる》遺跡には、三世紀から四世紀初頭にかけての政治と宗教のための環濠集落《かんごうしゅうらく》が見つかっていて、ここには、ヤマトと山陰の土器が集中していた。しかも、集落の発展の歩調が、「纒向」とそっくりというおまけまで付いている。

このような状況から考えて、ヤマト建国は九州から東へ、ではなく、ヤマトから西へ、であった疑いは強くなるいっぽうなのだ。そして、西から東へという弥生時代のベクトルを、東から西へという大逆転を生み出した原動力は、北部九州にひろく分布する山陰の影から推測して、出雲を中心とする山陰地方だったと考えざるをえないのである。

◈ヤマト建国のジグソーパズル

問題は、ここからあとだ。

このようなヤマト建国の詳細は、『日本書紀』が無視したと述べたが、じっさいにはそれは『日本書紀』の「表向きの表現」であって、実態が分からないように何回にも分けて、ヤマト建国のジグソーパズルが作り上げられている。いくつもの部品(説話)をかき集めて再構築することで、三〜四世紀の歴史を読み解くことができ

弥生時代後期の山陰の繁栄の名残り・四隅突出型墳丘墓

るようになっていたのである。

もちろんそれが、神武《じんむ》天皇の東征であり、崇神《すじん》天皇の四道将軍《しどうしょうぐん》の話でもあるのだが、もうひとつ、ヤマト建国伝承を、密かに語り継いでいたのが、神功《じんぐう》皇后の北部九州征伐ではなかったか。

というのも、神功皇后の足跡は、まさに「出雲を中心としたヤマト建国」と、ぴったりと重なってくるからなのである。

前章で神功皇后の足跡を克明に追ってきたのも、このような事情を説明しやすくするためなのだった。

では、神功皇后の北部九州征伐の、どこがヤマト建国説話なのか、説明しよう。

『日本書紀』によれば、はじめ神功皇后は北陸の角鹿《つぬが》（福井県敦賀《つるが》市）にいて、九州で隼《はや》人《と》が背いたという報に接し、日本海づたいに穴門豊浦宮《あなとのとゆらのみや》（山口県下関市豊浦町）に向かっている。夫の仲哀《ちゆうあい》天皇は別行動で、瀬戸内海を西に向かって合流した。

まず、この神功皇后の動きが意味深長であった。というのも、弥生時代後期、中国地方で発生した四隅突出型墳丘墓《よすみとつしゆつがたふんきゆうぼ》は、出雲を中心に北陸地方にまで伝播し、まさに神功皇后は、四隅突出型墳丘墓の勢力圏をなぞるようにして豊浦宮に向かっているからだ。そして、瀬戸内海を西に向かった夫と合流したという話は、あまりにも出来過ぎた話ながら、山陰地方の首長層と、ヤマトが連合を組み、北部九州に進出した、という図式そのものである。

さらに、興味深い符合がある。

神功皇后と仲哀天皇が豊浦宮から北部九州を牽制すると、北部九州の中でもまず沿岸地帯の首長層たちが、神宝を捧げ持ち、続々と恭順《きようじゆん》してきたと、『日本書紀』はいう。そしてこののち、神功皇后らは北部九州の筑後川から北側の首長層たちをも、難なく平伏させてしまうのである。

この話、考古学の指摘する三世紀前半のヤマトと北部九州の状況に、驚くほどそっくりなのである。

すなわち、まずヤマトに纒向《まきむく》が出現し、また纒向型前方後円墳《ぜんぽうこうえんふん》が誕生、この新たな埋葬文化を、北部九州が受け入れていった、という図式に当てはまるわけである。

そして、ここからが、話の妙である。

纒向型前方後円墳は筑後川の北側に広がりを見せたが、同じように神功皇后は、筑後川の北側の甘木《あまぎ》市付近に陣を進めると、一気に山門県《やまとのあがた》に南下し、この地の女首長を討ち取ってしまう。そして、この征伐が北部九州遠征の最終目的であったかのようにきびすを返し、新羅《しらぎ》征討に乗り出したのである。

◈神功皇后の取った戦略

ここでまず注目したいのは、神功《じんぐう》皇后の取った戦略である。

神功皇后は甘木《あまぎ》市付近から山門県《やまとのあがた》を突いているが、これにも深い裏事情がある。北部九州の防衛上の欠点は日田《ひた》で、日田を取られたからこそ、北部九州の沿岸地帯の首長層たちは、「東」の埋葬文化を受け入れ、恭順したのだろう。だが、日田を取られても、北部九州に生き延びる余地はあった。それは、筑後川下流の久留米《くるめ》市御井《みい》の高良《こうら》山を死守し、さらにその南方「女山《ぞやま》」にいたる山岳地帯を城塞化すれば、難攻不落の山城に化けることであった。そして、この「女山」こそ、『日本書

山門の女首長が籠城した（？）女山の神籠石

紀』にいうところの女首長の盤踞《ばんきょ》する「山門」のあたりなのであった。

つまり、神功皇后が高良山と対峙する甘木市付近から山門県に進軍した、という話は、矛盾のない、整合性をもった話なのである。継体《けいたい》天皇の出現後、北部九州で磐井《いわい》の乱が起きたが、その最終決戦場も、高良山の近辺だった。

さらに興味深いのは、女首長が盤踞していたという山門県が、邪馬台国《やまたいこく》北部九州説の最有力候補地だった、ということなのである。

とするならば、神功皇后は、邪馬台国のヒミコを討ち滅ぼしていたのではあるまいか。

しかも、ヒミコを討ち滅ぼした神功皇后は、そのまま女王として君臨し、ヒミコの宗女《そうじょ》（一族の女人）・トヨを名乗っていたのではなかったか……。

　そう思う根拠は、いくつもあげることができる。

『日本書紀』のなかで神功皇后は、邪馬台国の時代の女人だったと語られ、また、どうした理由からか、神功皇后は海神《わたつみ》と強くつながっているが、その海神の女神はしばしば「トヨ」の名を冠して神話に登場する。しかも、他の拙著の中で繰り返し述べてきたように、神功皇后自身、「トヨ」とは強い因縁で結ばれているのだ。

　たとえば、神功皇后の宮を「豊浦宮《とゆらのみや》（トヨの港の宮）」と呼んだのも、意味のないことではあるまい。また、宗像《むなかた》大社の伝承には、神功皇后が海神の娘で、妹に「豊姫《とよひめ》」がいた、とある。神功皇后と応神《おうじん》天皇を祀る宇佐《うさ》八幡《はちまん》が「トヨの国＝豊国《とよのくに》（のちの豊前《ぶぜん》、豊後《ぶんご》）」に存在していることも、こうなってみると、じつに暗示的だったことになる。

　さらに付け加えるならば、「トヨ」は「水、海」と強くつながる巫女《みこ》であり、神である。その代表的な女神《めがみ》が、伊勢《いせ》神宮の外宮《げくう》に祀《まつ》られる豊受大神《とようけのおおかみ》で、この女神ははじめ丹後《たんご》半島の比治《ひじ》の真名井《まない》で沐浴《もくよく》をしていた。

裏伊勢の異名をもつ宗像大社

この「真名井」が重要で、「真名井」は「瓊《ぬ》の井《い》」で、「ヒスイの井戸」を意味している。なぜ井戸がヒスイなのかといえば、ヒスイという宝石は、水の中から取れるからで、ヒスイは真珠とともに、海神がもたらす神宝と考えられていた。そして、そのヒスイや真珠を海からもたらす海の女神が、「トヨ」にほかならないのである。その証拠に、海幸山幸《うみさちやまさち》神話でも、海神の娘は「豊玉姫《とよたまひめ》＝トヨの女神」であり、「トヨの玉」とは、ようするにヒスイや真珠を意味している。

神功皇后が豊浦宮の近くの海で、如意珠《にょいのたま》（潮満瓊《しおみつのたま》・潮涸瓊《しおひのたま》）を拾ったという伝承が残るのは、この女人が「海やヒスイ・真珠」とかかわる「トヨの巫女」だからにほかならないのである。

◈もっとも強大な勢力を誇っていた場所が邪馬台国とは限らない

ここに、ヤマトの台与《とよ》による邪馬台国《やまたいこく》の卑弥呼《ひみこ》殺しという疑惑が浮上するのである。

つまり、こういうことだ。

中国の歴代王朝にしてみれば、「倭《わ》」という国は、「奴国《なこく》」に代表される玄界灘《げんかいなだ》に面した交易国家の集合体にほかならなかっただろう。そして、この一帯の首長層が、恒常的に、半島や大陸と交渉していたはずである。

ところが、弥生《やよい》時代後期の山陰地方の勃興、これと並行して、北部九州の没落、という現象があった。

山陰地方の首長層たちは、関門海峡《かんもんかいきょう》が閉鎖されて、漁夫《ぎょふ》の利《り》を得た形となったが、ひとたび閉鎖が解ければ、ふたたび瀬戸内海の活気は取り戻されると憂えたに違いない。それは、山陰の没落に直結した。そうならないために、打った手。それが、北部九州沿岸部への進出と友好関係の樹立であり、さらにはヤマトの盆地に新たな首長層の連合体をつくろう、というものではなかったか。

最後に残った敵は、「親魏倭王《しんぎわおう》」だ。すなわち、筑後川の南側でヒミコを押し立て、かつての北部九州の栄光を取り戻そうと躍起になっていた邪馬台国を中心とする連合である。

ところで考古学の進展によって、三世紀のヤマトの纒向《まきむく》遺跡の全容が明らかになると、この遺跡が、当時の日本列島で最も大きい都市であることがわかった。また、邪馬台国の時代、すでにヤマトに国家らしきものができあがっていたこともわかった。とするならば、邪馬台国の所在地は、ヤマトでもう決まった、と考えられるようになったのである。

しかし、日本列島でもっとも強大な勢力を誇っていたからといって、そこが邪馬台国であったとは限らない。魏に真っ先に使者を送り込み、「私たちが倭の王家です」と自己申告し、魏がこれを認めてしまえば、「親魏倭王」になれたのである。

もし仮に、山陰やヤマトの急成長に圧迫され、北部九州海岸地帯から南部の山門《やまと》に逼塞した「反ヤマト勢力」が、ヒミコを共立し、その上で、いちはやく魏に朝貢していたとすれば、外交戦に後れを取ったヤマトは、一気にこれを叩きつぶし、王家を乗っ取っていたとしても、なんの不思議もない。

この場合、王家を滅ぼし、新たな王家を名乗れば、「親魏倭王」を殺したのだから、魏に対する反逆になる。そこで、ヤマトのトヨは、山門のヒミコの「宗女《そうじょ》」を名乗ることで魏を納得させ、「親魏倭王」の称号を継承した、という推理が成り立つのである。

そして、そのトヨが、『日本書紀』にいうところの神功皇后であったとするならば、迷宮入りしてしまったと考えられていた邪馬台国の謎も、吹き飛ぶのである。

◈なぜ『日本書紀』は卑弥呼を初代王にしなかったのか

ところで、『魏志《ぎし》』倭人伝《わじんでん》によれば、日本の歴史は女王からはじまっていることは確かなことながら、いっぽうで『日本書紀』は、そうではなく、神武《じんむ》天皇という男王だった、と証言している。その代わり、『日本書紀』は大日孁貴《おおひるめのむち》（天照大神《あまてらすおおみかみ》）という女神こそが天皇家の祖神であり、日本の太陽神なのだ、と示した。

この大日孁貴は、大日巫女《おおひみこ》のことで、これが邪馬台国《やまたいこく》の卑弥呼《ひみこ》に通じるというのが、ごく一般的な考え方だ。

ヒミコは中国の帝国に認められ、お墨付きをもらった女王である。どうにも分かりにくいのは、もし卑弥呼が天皇家の祖神・天照大神あるいは始祖なのならば、その卑弥呼を歴史ではなく神話にしてしまったその意味である。

なぜ正々堂々、親魏倭王《しんぎわおう》のヒミコを、正面から表に出さなかったのだろう。

いっぽうで『日本書紀』は、神功皇后《じんぐう》こそが、ヒミコだったかもしれないというあやふやな見解を示している。神功皇后摂政紀《せっしょうき》には、『魏志』倭人伝の記事を引用しているのだから、神功皇后がヒミコその人だ、といっているようなものだ。ただし、『魏志』倭人伝に描かれた「ヒミコ」という名を無視しているうえに、神功皇后の時代に「トヨ」と思われる女王の記事も並記しているから、いい加減な記述といえなくもない。

こういうこともあって、神功皇后は架空の人物にほかならない、とする説が罷《まか》り通っているのだが、ヒミコかトヨか、どちらかもしれない神功皇后の息子が応神《おうじん》で、この御子が、ヤマト初代王の神武天皇とそっくりそのままのヤマト攻めを行っている、という事実こそが、重要ではあるまいか。

神功皇后は邪馬台国の女王で、しかも、その御子が東に移ったことこそが、ヤマトの建国そのものだったのではないかという仮説が頭をよぎるのである。

◈継体天皇はヒスイの王だった？

だが、ことはそう簡単ではないらしい。なにしろ、神功《じんぐう》皇后も応神《おうじん》天皇も、どちらも祟《たた》る神として後世恐れられたからである。

仮に神功皇后が、私見通りトヨで、「東から西」に向かい、北部九州を制圧したとして、そのまますんなりヤマトに戻ってこられたのかどうか、じつに心許ない。事実がこの通りであるならば、二人は歴史の勝者であり、祟るいわれはなかったはずだからだ。

では、この謎をどのように解き明かせばいいのだろう。

ついに、継体《けいたい》天皇の謎が、邪馬台国《やまたいこく》まで飛び火してしまったようである。

しかしこれはむしろ当然のことで、歴史に断絶はなく、三世紀の事情がはっきり

「トヨの都」・飛鳥の豊浦宮の井戸のあと

しなければ、継体天皇の謎も解き明かすことはできないのである。

たとえば、七世紀の聖徳太子《しょうとくたいし》や蘇我入鹿《そがのいるか》の謎も、じっさいには三世紀の邪馬台国と無関係ではないのである。

その証拠に、七世紀の推古《すいこ》天皇の飛鳥《あすか》の宮の名は、神功皇后と同じ豊浦宮《とゆらのみや》で、しかも、この時代の多くの蘇我系皇族の名には、「豊聡《とよと》耳皇子《みみのみこ》（聖徳太子）」というように、どうした理由からか、「トヨ」の名が冠せられている。

さらに、蘇我氏はこの時代、「海神《わたつみ》の神宝」＝ヒスイの生産を独占していた疑いが強く、また、蘇我氏の没落とともに、ヒスイは忘れ去られていくのである。

また、継体天皇は「越《こし》」の出身だが、ヒ

スイは「越」の特産であり、継体天皇もまた、ヒスイ（トヨ）の王であった可能性も出てくるのだ。

では、私見通り、神功皇后が本当に邪馬台国のトヨで、しかも彼女がヤマトから派遣され、山門《やまと》（邪馬台国）の卑弥呼《ひみこ》を討ち滅ぼしていたのなら、その息子、応神天皇は、北部九州制圧後、ヤマトに凱旋《がいせん》した、ということになるのだろうか。

まずここで再確認しておきたいのは、歴代天皇の中に「神」の漢風諡号《かんふうしごう》をもった人物が三人いたということで、しかもみな初代王の要素をもっていたことである。初代神武《じんむ》、第十代崇神《すじん》、第十五代応神天皇だ。

なぜこのようなことが起きてしまったのかといえば、それは一般的にいわれているように、「王朝交替」があったからではなく、「歴史をスパイラルに記述してしまった」からにほかならない。すなわち、三人の初代王は、本当は同一人物なのである。

事実、神武天皇は九州から瀬戸内海を東に向かいヤマトに入り、応神も、ほぼ同じルートをたどっている。これは、二人が同一人物だったのだから、話が似てくるのは当然のことだったのだ。

◈鍵を握る住吉大神＝塩土老翁

問題はここからだ。

『日本書紀』には、神武《じんむ》天皇ははじめ南部九州にいて、そこからヤマトに向かった、とある。そして、この時の説明は、つぎのようなものである。

神武天皇四十五歳の時（神武紀元前七年）のこと、神武天皇は次のように述べた。

「わが天祖《あまつみおや》がこの西のほとりに降臨され、すでに百七十九万二千四百七十余年がたった。しかし、遠く遙かな地では、われらの徳もおよばず、村々に長《おさ》がいて境を分かち、互いに争っている。また、塩土老翁《しおつつのおじ》に聞いたところによると、東の方角に美しい土地があるという。四方を山に囲まれ、すでに、饒速日命《にぎはやひのみこと》なる人物が舞い降りているという。私が思うに、その地はかならず大業を広めるに適したところだろう」

こういって、神武天皇は、ヤマトに向けて進軍を始めた、というのである。

ここで注目していただきたいのは、天皇家の祖神たちは、長い間南部九州に逼塞《ひっそく》していた、という印象が強いことだ。そして、神武天皇のもとに、この国の都にふさわしい土地があることを教えたのが「塩土老翁」であったところが味噌である。

なぜならば、「塩土老翁」こそ、「あの」住吉大神《すみのえのおおかみ》の別名だからだ。

その証拠に、『日本書紀』には、住吉大神ははじめ日向《ひむか》の地にいて、それから東に向かった、とある。そして住吉大神といえば、「あの晩」、神功《じんぐう》皇后と結ばれた（疑いのある）神ではないか。

ここに、山門《やまと》を滅ぼしたあとの、トヨの末裔の末路が隠されていたのではなかったか。

とにもかくにも、ここでも鍵を握っているのが住吉大神＝塩土老翁であることは間違いない。この神はいったい、何者なのであろう。なぜ、神武天皇をヤマトに誘ったのだろう。

そこで、宇佐《うさ》神宮に残される特殊神事に注目してみよう。それが行幸会《ぎょうこうえ》で、宇佐神宮に祀られる御神体・薦枕《こもまくら》を、四年に一度新しい物に作り替える、という行事である。

この薦枕は、薦社《こもしゃ》の三角池《みすみいけ》で刈り取った薦から造られる。古い薦枕は、豊後国国《くに》前《さき》郡の奈多《なた》八幡宮《はちまんぐう》から海に投げ入れられる。そしてこの薦枕は、豊予《ほうよ》海峡を横切り、かならず伊予《いよ》の八幡宮に流れ着くのだという。

応神と神功皇后とかかわる神社の御神体・薦枕を東に向けて流す、という行事は、じつに不気味である。だいたい、宇佐神宮は、かつて「大帯姫廟《おおたらしひめびょう》神社」という異名を取ったことがある。これは、「大帯姫＝神功皇后のお墓を神社にしたものなのだぞ」という不気味な意味合いが込められている。その「墓」の神社の「思い」を四年間、この御神体に乗り移らせ、東に向けて流しやる、という意味合いを、行幸会という神事に汲み取ることはできないだろうか。ここにいう宇佐の東とは、ようするにヤマトにほかならない。

祟る神を祀る宇佐神宮

御神体を海に流す、というのは、御神体が海の神のもとに帰る、という意味もあろう。御神体が薦枕で、神聖な三角池の水草から造られているのにも、深いわけがあると思う。水草は水の中から生まれたものだから、薦枕は水の神を祀る呪具であろう。水の神とはようするに、海の神でもある。

薦枕は本殿に置かれる直前、まず鵜羽屋殿《うばやでん》で祀られるが、この社《やしろ》は「鵜の羽根」で屋根が葺《ふ》かれるのだという。「鵜の羽根の屋根」といえば、海幸山幸《うみさちやまさち》神話の豊玉姫《とよたまひめ》の産屋《うぶや》と全く同じである。また、薦枕を海に帰すというのも、海の女神、豊玉姫の故事を意識して行われていた可能性を高めている。

つまり宇佐神宮の特殊神事には、「トヨ」の不気味な影がつきまとっていたことになる。

◈住吉大神の祟りを鎮めた傀儡子舞

さて、宇佐《うさ》神宮の周辺で行われる謎めいた特殊神事が、もうひとつある。それが、放生会《ほうじょうえ》で行われる傀儡子舞《くぐつまい》なのである。

ちなみに、宇佐神宮で行われるこれらの特殊神事は、養老《ようろう》三年（七一九）に起きた大隅《おおすみ》と日向《ひむか》の隼人《はやと》の反乱で殺された隼人たちを鎮魂する目的ではじまったとされているが、これはおかしい。

たとえば、隼人の祟りを恐れて、なぜ薦枕《こもまくら》を「東」に向けて流すのだろう。放生会では、蜷《にな》や蛤《はまぐり》を海に放って助けるというのだが、これは海神への奉幣《ほうへい》ではないのか。そして、傀儡子の舞は、謎に拍車をかける。

だいたい、この神事に登場する役者＝傀儡子は、気長足姫命《おきながたらしひめのみこと》（神功皇后《じんぐう》）の眷属《けんぞく》（一族）の神なのだという。なぜ養老年間の隼人征伐に、神功皇后という亡霊がからんでくるというのだろう。

さらに、傀儡子は、舞を演じる前に宇佐市北宇佐の「化粧井戸《けしょういど》」でお清めを受けるというのだが、この井戸を「真名井《まない》」というが、この井戸の名にもいわくがあったはずだ。丹後《たんご》半島でトヨの巫女《みこ》＝豊受大神《とようけのおおかみ》が沐浴《もくよく》した井戸も「真名井」だからである。

やはり、傀儡子舞には、トヨの匂いがする。

それだけではない。傀儡子舞のクライマックス、傀儡子たちの演じる古要相撲《こようずもう》では、奇妙な場面で新たなヒーローが生まれている。それが「住吉《すみよし》さま」なのである。

はじめ東西に分かれて人形が互角に争う。だが、次第に東軍の優勢となるが、最後の最後に「住吉さま（海神《わたつみ》）」が出現し、西軍に加勢し、東軍をばたばたとねじ伏せていく、というあらすじである。

どうにも不可解なことは、神功皇后といい、住吉さまといい、「隼人征討」には、まったく関わりのないはずの神々に、「主役級」の役回りがまわってきていること、そして、なんといっても、住吉さまが「西軍」に荷担していることが不可解だ。

現在、住吉大神《すみのえのおおかみ》の祀られるのは宇佐から観て東側、瀬戸内海の突き当たりの大阪である（大阪市住吉区の住吉大社）。ところが宇佐では、住吉さまは、「西」の味方になったというのである。

宇佐で「西」といえば、北部九州勢力、ということになろう。となるとこの特殊神事、いったい何を目的に始められたのだろう。本当に、隼人の鎮魂が目的だったのだろうか。じつに怪しい。

だいたい、祭りというものは、本来、祟《たた》る神の荒御魂《あらみたま》を鎮めるために執り行われるものだ。宇佐の放生会や傀儡子の舞は、隼人の鎮魂と言うが、そうではないだろう。隼人の霊をなぐさめるならば、隼人自身が、「東に打ち勝つ」というストーリーが必要だった。ところが、傀儡子の舞は、住吉さまを出現させ、大暴れをさせてしまうのである。

この場合、祟る神は住吉さまであり、住吉さまは、現実には負けたからこそ、祭りの中で、逆転させてあげるわけである。敗北者であると同時に、祟る人物であるからこそ、この男は神になったと察しがつく。

◈住吉大神＝塩土老翁の秘密

では、「現実に負けた住吉《すみよし》さま」の正体を突き止めることはできるのだろうか。

ヒントはいくつもある。

まず第一に、第二章で触れたように、仲哀《ちゅうあい》天皇が亡くなられた晩、住吉大神《すみのえのおおかみ》と神功《じんぐう》皇后は、夫婦の契りを交わした、というのである。

すなわち、住吉大神は、神功皇后に近い人物であった可能性がある。

そして第二に、住吉大神には別名があって、ここに重大な秘密が隠されている。それを、塩土老翁《しおつつのおじ》という。

塩土老翁といえば、神武《じんむ》東征の直前、ヤマトに都にふさわしい地があると、神武をたきつけた人物であった。いったい、この怪しげな人物の正体はいかなるものなのか。なぜ神武と応神、二人の「初代王」につきまとうのだろう。

ここで気づくのは、「塩土老翁」は、読んだそのままの老人であること、この属性は、武内宿禰《たけのうちのすくね》のそれと同じ、ということである。

ひょっとして、両者は同一人物なのではあるまいか。

塩土老翁と武内宿禰が同一ならば、仲哀天皇の亡くなった晩の事件の真相は明らかとなる。もっとも、属性が似ているからといって、すぐに両者が結びつくわけではない。

武内宿禰のもう一つの属性は、神の声を代弁して人びとに伝える、というものだ

謎だらけの出雲大社

が、これとそっくりなのは、出雲の国譲りで重要な役割をになった事代主神《ことしろぬしのかみ》であろう。

大己貴神《おおなむちのかみ》（大国主神《おおくにぬしのかみ》）は、国を明け渡せと言う天孫族《てんそんぞく》の要求に対し、事代主神の元に行ってくれと、頼んだ。

事代主神は『古事記』には言代主神《ことしろぬしのかみ》とあり、「代弁者」であることが分かる。神の言葉を語るものだからこそ、出雲の国譲りで、父・大己貴神が、すべての判断を言代主神に委ねたのである。

このことも他の拙著の中で述べたことだが、蘇我《そが》氏と「出雲」には、切っても切れないつながりがある。七世紀の蘇我氏が独占的に選択した埋葬文化は「方墳《ほうふん》」だったが（このことは、蘇我馬子《うまこ》の墓とされている飛鳥《あすか》の「石舞台古墳《いしぶたいこふん》」の正方形を見れば、ご理解い

典型的な方墳・蘇我馬子を葬ったとされる飛鳥石舞台古墳

ただけるだろう)、この埋葬文化は、出雲のそれであった。出雲大社真裏の摂社には素戔《すさの》嗚尊《おのみこと》が祀《まつ》られるが、その社は「ソガ社(素鵞《そが》社)」と呼ばれている。素戔嗚尊の最初の宮が「スガ(須賀《すが》)」で、これが音韻変化して「ソガ」になったものと思われる。

蘇我の本貫《ほんかん》とされる葛城《かつらぎ》の神は一言主神《ひとことぬしのかみ》というが、一言主神は本来、一言代主神＝言代主神(事代主神)であろう。

蘇我氏は始祖・武内宿禰とよく似た出雲の神を、葛城で祀っていたことになり、蘇我氏は、どうやら、出雲の出身であった可能性が高い。

ところで事代主神は、国譲りを受けいれると、天《あま》の逆手《さかて》という呪術を施し、海の底に消えていなくなる。事代主神が海に消えたの

こちらも謎めくソガ(素鵞)社

は、この神が「海の神」でもあったからだ。中世に至ると、事代主神は「恵比須様《えびすさま》」と称され、信仰されていくが、もちろん鯛と釣り竿をもった恵比須様は、海の神であり、また「水運」という発想からであろう、商売の神にもなった。

事代主神が恵比須様と習合していったからこの神が海の神になったわけではない。事代主神は、神の言葉を代弁する神であると同時に海とは密接に繋がっていた。

『日本書紀』によれば、天孫族が国譲りを強要したとき、事代主神は三穂《みほ》（島根県美保《みほの》関《せき》）の海岸で釣りをしていたという。またそうではなく、鳥の遊びをしていたのだ、ともいう。

ここにある「鳥の遊び」とは、一種の神事

で、鳥のかがむ仕草と羽ばたく仕草をして、鳥に古い魂をもっていってもらい、新しい魂を吹き込むことともされている。そして、この鳥の遊びは、他の拙著の中で述べたように、「トヨ」や水の呪術と深い関連をもっている。

たとえば、丹後半島の豊受大神《とようけのおおかみ》の伝承では、はじめ豊受大神は真名井《まない》で沐浴をしていたといい、羽衣《はごろも》を盗まれることで天に帰ることができなくなったとある。

真名井は真渟名井《まぬない》と同意で、「ヌナの井戸」を意味していて、「ヌナ」は海神《わたつみ》の神宝「ヒスイ」にほかならない。すなわち、豊受大神はヒスイの女神で海神とつながっているが、その豊受大神が「天の羽衣」を大切にしていたのは、この衣が「鳥の巫女《みこ》」の呪具《じゅぐ》だからである。

◈武内宿禰・事代主神・浦島太郎・住吉大神の共通点

「鳥の巫女《みこ》」が「真名井《まない》（水・海）」とかかわりをもったのは、「鳥の巫女」が「水や海」と深い因果で結ばれているからで（詳細は拙著『封印された日本創世の真実』KKベストセラーズ）、鳥の遊びをしていた蘇我《そが》氏と関わりの深い事代主神《ことしろぬしのかみ》も、やはり海の神だったわけである。

そして住吉大神《すみのえのおおかみ》が日本を代表する海の神であったことを忘れてはならない。

豊受大神や浦島太郎のふるさと・籠神社

すなわち、塩土老翁《しおつつのおじ》（住吉大神）と武内宿禰《たけのうちのすくね》の関係を探るヒントの第一は、「海」であったと見当がつく。

　そして、ここで思いがけない人物に登場願おう。それが、昔話で有名な浦島太郎《うらしまたろう》（浦嶋子《うらしまのこ》）である。

　豊受大神《とようけのおおかみ》を祀る丹後半島の籠神社《このじんじゃ》は「元伊勢」とも呼ばれるが、この地で豊受大神伝承と並んで名高いのが、「浦島太郎（浦嶋子）」である。

　浦島太郎が古代史の中で重要な地位を占めることは、他の拙著のなかで何回も触れてきた。

　このお伽話については、『日本書紀』や『風土記《ふどき》』『万葉集《まんようしゅう》』も黙っていられないで、多くの話を載せ、さらに『日本書紀』は、別

嘘かまことか、浦島太郎を祀る浦島神社

巻をわざわざ浦島太郎のために立てた、としている（もっとも現存しない）。

浦島太郎を侮れないのは、神武《じんむ》天皇が東征したとき、海の彼方から、浦島そっくりな男が登場しているからだ（『古事記』）。亀に乗って釣り竿をもった男が手を羽根をばたつかせるようにしてやってきたとあり、神武をヤマトへ誘ったとある。

鳥の仕草（鳥の遊び、鳥の神事）をして釣り竿をもっているのは出雲神事代主神であり、また、亀に乗って釣り竿をもっているのは、浦島太郎にほかならない。

『万葉集』は浦島太郎の故郷を「墨江《すみのえ》」だといい、ここに言う「墨江」とはようするに「住吉」である。『日本書紀』の記事をそのまま鵜《う》呑《の》みにすることを許されるならば、浦島太郎と住吉大神は近しい間柄であり、本当は同一ではないのか。

浦島太郎は竜宮城から帰ってきて、玉匣《たまくしげ》をおもわず開いて三百歳の時間をひとっ飛びした。「三百」という年月は、武内宿禰の寿命とほぼ重なる。住吉大神の別名が老人のイメージ（と言うよりも老人そのもの）の塩土老翁だったのは、この「住吉」の神が「墨江」の神でもあり、浦島太郎その人だったからだろう。

これら武内宿禰、事代主神、浦島太郎、住吉大神の奇妙なつながりは、けっして偶然ではなく、『日本書紀』によって、本来一人だった人物がバラバラにされ、時代をずらされ、多くの名を与えられた、ということにほかなるまい。それほど、武内宿禰の正体を、『日本書紀』は抹殺せねばならない理由をもっていたからである。

◈ヤマトを呪う事代主神と住吉大神

問題は、なぜ住吉大神《すみのえのおおかみ》は祟り、事代主神《ことしろぬしのかみ》は呪術をほどこして（ようするに呪いをかけたわけである）海に沈んだのかということであろう。

もちろん、事代主神の場合ははっきりしている。政争＝出雲の国譲りに敗れ、この世から消されたのだから、敵を呪ったわけである。とするならば、住吉大神も、同様の理由からヤマトを呪った、ということなのか。

『日本書紀』には、気になる記事がある。

応神《おうじん》天皇九年、朝廷は武内宿禰《たけのうちのすくね》を北部九州の筑紫《ちくし》に遣わして、民情を視察させたという。この年の夏四月、武内宿禰の弟・甘美内宿禰《うましうちのすくね》が裏切り、次のような讒言《ざんげん》をした、というのである。

それによると、

「武内宿禰は常に天下を狙っております。聞くところによりますと、九州で密かに謀略をめぐらし、九州を独立させ、三韓（朝鮮半島の国々）と盟約を結び、天下を取ろうとしているのです」

応神天皇はこの話を信じ、使者を出し武内宿禰を殺そうとした。

のちに武内宿禰の無実は証明されたのだが、問題は、武内宿禰の置かれた状況が、そのまま、北部九州を制圧したときの神功《じんぐう》皇后（トヨ）と武内宿禰のものとそっくりなこと、もっと重要なことは、武内宿禰を罠にはめようとした甘美内宿禰とそっくりな人物が、時代を距てて存在することである。

それが、ヤマト建国に活躍した物部《もののべ》氏の始祖・饒速日命《にぎはやひのみこと》の子に当たる可美真手《うましまでの》命《みこと》である。この人物は、物部系の史書『先代旧事本紀《せんだいくじほんぎ》』の中では、宇摩志麻治命《うましまぢのみこと》の名で登場している。まさしく、ウマシマジは、ウマシウチとそっくりなのである。

しかも、武内宿禰とウマシウチは兄と弟だったと『日本書紀』はいうが、事代主神とウマシマジが腹違いの兄弟であった疑いが強いことは、『出雲国譲りの謎』（PHP研究所）などで述べたとおりだ。

つまり、こういうことだ。

『日本書紀』のいうところの出雲の国譲りとは、じっさいには、北部九州を制圧した神功皇后らを、ヤマトが裏切ったことを神話化したものであった疑いが強い。すなわち、身内の裏切り、ということになる。

三世紀の西日本の最大勢力はヤマトであった。だが、山門《やまと》（邪馬台国《やまたいこく》）の卑弥呼《ひみこ》たちは、いち早く魏《ぎ》に朝貢《ちようこう》し、「親魏倭王《しんぎわおう》」の称号を獲得してしまった。だからこれを一気に潰し、トヨ（神功皇后）が卑弥呼の宗女《そうじよ》ということにして、あとを継がせれば、卑弥呼を討ち取ったとしても、大国「魏」を敵に回したことにはならない。だから、トヨは倭国の女王になったのだろう。しかし、ヤマトはまるで源頼朝《みなもとのよりとも》が弟の義経《よしつね》を警戒したように、トヨや武内宿禰の動きを注視しただろうし、次第に煙たい存在になっていったのではなかったか。

そして、最終的に、ヤマトは北部九州のトヨを切り捨てた……。だからこそ、神功皇后は後世祟る女神と恐れられ、また、応神天皇＝宇佐八幡神《うさはちまん》も、祟る神となったわけである。

そして、宇佐の特殊神事の中で、住吉さまが大暴れするのは、北部九州の地で、神功皇后たちがヤマト勢に奇襲を受け、敗走したからにほかなるまい。これが出雲の国譲りであり、高良山《こうら》付近に君臨していたであろう神功皇后が、御子《みこ》らとともに海に漕ぎ出し、鹿児島方面に逃れたのが、天孫降臨《てんそんこうりん》だったと考える（拙著『天孫降臨の謎』ＰＨＰ研究所）。

◈祟りが生んだヤマトの大王家

では、こののち、トヨたちの一行は、南部九州の地で没落してしまったのだろうか。

そうではなく、神功《じんぐう》皇后の死後、御子《みこ》である応神《おうじん》＝神武《じんむ》が、ヤマトから呼び寄せられ、王権を禅譲《ぜんじょう》された、と思われる。もちろんこれが、『日本書紀』のいうところの神武東征にほかならない（ちなみに、このあたりの事情は通説とまったくかけはなれているために、詳細は他の拙著を参照していただくほかはない）。

なぜこのようなことが言えるかというと、『日本書紀』に、次のような説明があるからだ。それによると、もう一人のハツクニシラス天皇《すめらみこと》＝第十代崇神《すじん》天皇の時代、

大田田根子を祀る大神神社の摂社・若宮社

天変地異《てんぺんちい》によって、飢餓《きが》と疫病《えきびょう》の大流行が起きていたとあり、占ってみたら、出雲の神・大物主神《おおものぬしのかみ》が、「わが子、大田田根子《おおたたねこ》を捜し出し、私を祀《まつ》らせれば、平静を取り戻すことができるだろう」と神託《しんたく》を下した。そのとおりしてみると、まさに、ヤマトは元の平和な状態に戻った、というのである。

「初代王」の治政がうまくいかず、占ってみると出雲神の祟《たた》りだった……。そして、「忘れ去られた神（鬼）の子」を探し出してヤマトに連れてきて、ようやくすべてが丸く収まった、という話。ようするにトヨを裏切り王権を手に入れたものの、その後相次ぐ天変地異と疫病の流行に辟易《へきえき》したヤマトの王家は、すべてがトヨの祟りと「思い当たり」、あるいは、周囲の人間もトヨの祟りを恐れ、つい

大和最大の聖地・大神神社

に、南部九州から「忘れ去られた御子」を探し求め、その人物こそが、神武天皇その人だった、ということではなかったか。

　そう考えると、神武東征の奇妙な謎も解けるのだ。

　まず第一に、なぜ武内宿禰《たけのうちのすくね》と同一人物と目される塩土老翁《しおつつのおじ》が神武をヤマトに誘い、また、航路の途次、海の彼方から浦島太郎《うらしまたろう》とも事代主神《ことしろぬしのかみ》ともつかぬ、亀に乗った奇妙な男が登場し、神武をヤマトに導いたのか……。この怪しげな浦島太郎もどきも武内宿禰だからだろう。さらには、神武のヤマト入りに、土着の長髄彦《ながすねひこ》は抵抗したのに、もっとも権力の近くにいたはずの可美真手命《うましまでのみこと》がなぜ、無抵抗に神武を受け入れたのか……。長髄彦の蜂起に加勢していれば、神武を追い返すことはワケもなかったにもかかわらず、ころりと降参した意味も、むしろヤマトが神武を必要としていた、と考えれば、その理由がはっきり分かってくるのである。

鹿児島で祀られる武内宿禰（弥五郎ドン）

そして、神武（あるいは応神）が、祟る者の子だからこそ連れてこられたのだとすれば、「天皇に刃向かえば恐ろしい目に遭う」という日本人の遺伝子に刷り込まれた通念の意味が、よく分かるような気がするのである。

◈王朝交替ではなくリセットされた王権

継体《けいたい》天皇の正体を知るためにここまで深くヤマト建国の謎を解き明かしたのには、わけがある。

五世紀末から六世紀の初頭、ヤマトの王権は、危機的状況にあったことは間違いないだろう。ただその段階で、いくつもの解決方法があったはずなのだ。王統がまったく絶えてしまった、という説明は理解できず、他にも後継候補はいたであろうはずなのに、なぜあえて、応神《おうじん》天皇五世の孫、といういかがわしい系譜をもった継体天皇を連れてこなければならなかったのか……。それは、そもそも「ヤマトの大王（天皇）」とは何者なのか、という、これまで明確にされることのなかった日本史の根本を、まず解き明かさねば、明確にはならないと思ったからである。

そして、ヤマト建国と神武《じんむ》（応神）東征が、じつは祟《たた》り封じのためのまじないに近いものであったということになれば、祟る応神の五世の孫が継体であり、それをわざわざ探し出して王位に据えたとなれば、王家の困窮……というよりも、ヤマトの政治体制の混乱を解消するために、王権を取り替える必要に迫られ、そのとき、みなの胸に去来したのは、ヤマトの王位をめぐる暗黙の了解だったのではないか、ということである。そしてそれがなにかといえば、ヤマトの王は「トヨの子」でなければならない、ということなのではなかったか。

つまり、トヨの祟りこそが、ヤマトの政治・文化・宗教の根本であり、だからこそ、神武（応神）が九州からつれてこられた。とするならば、継体天皇の擁立《ようりつ》も、神武あるいは応神という「故事《こじ》」にならい、王家のリセットを行った、ということではなかったか。

五世紀の倭《わ》の五王《ごおう》の出現以来、本来ならば豪族層による合議を建前としていたヤマトの政権であったのに、次第に独裁権力を求めた王家によってかえって求心力を失い、混乱を招いた。そして、収拾がつかなくなった段階で、大伴《おおとも》氏を中心とした豪族層が、もう一人の「忘れ去られた御子＝継体」を北陸に探し当てた、ということではあるまいか。

考えてみれば、大伴氏は神武とともに九州日向《ひむか》からヤマトに向かった一族であり、ここにも因縁めいたものを感じずにはいられないのである。

それにしても、ヤマトで王統を継承していた王家も、応神の子孫であったことは間違いなく、それにもかかわらず、なぜ継体が、応神の五世の孫という、応神との強いつながりをイメージさせる力をもっていたというのだろう。さらに、継体天皇の出身地・越《こし》は、ヤマト朝廷にとって、古くから蝦夷《えみし》の盤踞《ばんきょ》する恐ろしい土地、という印象が強かった。なぜ応神の五世の孫が、そのような土地で育ったというのであろう。

ここに、もうひとつの継体の秘密が隠されているように思えてならない。そして、ヒントを握る氏族が存在する。東国の雄族、尾張《おわり》氏である。

そこで次章では、尾張氏と継体天皇の関係について、考えてみたい。

第四章

東国の雄・継体天皇の謎

◆継体天皇をめぐる『日本書紀』の不自然な態度

通説は、継体《けいたい》天皇を「新王朝」とみなしている。

だが、『日本書紀《にほんしょき》』が継体天皇を「応神《おうじん》天皇の五世の孫」と位置づけた意味は、けっして小さくない。それは、ヤマトの大王《おおきみ》家（天皇家）の本質にかかわる問題でもあったからだ。

けれども、継体天皇の謎は、まだ解き終わったわけではない。『日本書紀』の不可解な記述がどうしても理解できないのである。

すでに触れたように、先帝武烈《ぶれつ》天皇の悪行、そしてこれにつづく継体擁立《ようりつ》は、中国の易姓革命《えきせいかくめい》を意識したものだった。前王朝の腐敗と、天命による新王朝の樹立という図式である。だからこそ、通説は、継体天皇を新王朝とみなしたのだった。

ところが、そのいっぽうで『日本書紀』は、継体朝を「新王朝」であった、とはっきりと認めたわけではなかった。

このために、継体天皇が新王朝であったかどうか、議論を呼んだわけだが、もし『日本書紀』の言うように、継体天皇が本当に応神天皇（ようするに神武《じんむ》と同一であろう）の五世の孫（あるいは、五世でなくとも、応神の末裔でもいいわけである）

であり、通説の言うような新王朝でなかったとするならば、どういう理由で、「悪行をくり広げた武烈天皇」という、まぎらわしい記事を用意する必要があったのか、逆の意味で疑問が湧いてくるのである。

すなわち、継体天皇が「純粋な新王朝」ではなかったと仮定してみよう。すると、「それなりの正当性をもって擁立された」のが継体天皇だった、ということになる。それならば、なぜ『日本書紀』は、その直前のヤマトの大王家が、腐敗しきっていたという「弁明」を必要としたのか、その意味がはっきりとしてこないのである。

もちろん、だからこそこの王家は新王朝なのであって、これまで述べてきた私の仮説の方が間違っているのだ、という反発を受けるかもしれない。しかし、『日本書紀』は、継体朝が新王朝であるのか、そうでないのか、はっきりと断言できなかったわけで、この曖昧な記述の理由を、どう考えればいいのだろう。

ここに、継体天皇をめぐるいくつもの「なぜ」が、浮かんでくる。

すなわち、この『日本書紀』の曖昧な態度こそ、大問題なのである。なぜ『日本書紀』は、継体天皇の正体をはっきりさせず、いっぽうで、継体天皇擁立後にも、不可解な謎かけを用意し、煮え切らない態度に終始したというのだろう。

なぜ『日本書紀』は、継体天皇が擁立された理由をしっかりと書き留めず、さらには、前王朝の腐敗を強調したのか。ここに、継体天皇をめぐる本当の謎が秘められているとしか思えないのである。

◈始祖王・継体が絶賛されないのはなぜか

六世紀の初頭に王朝交替があったとすれば、そして、この時に生まれた王家が、その後もつづいたというのならば、『日本書紀』は、継体《けいたい》天皇を新王朝の始祖として、絶賛していなければならない。だが、継体天皇そのものに対する『日本書紀』の評価が、特別扱いだったかというと、首をかしげざるをえない。

たしかに『日本書紀』は、それなりの誉め言葉を継体に与えている。しかし、それはとても「心のこもった」賛辞ではなく、通り一遍、という印象を持たざるをえない。そして、次のような記事は、いったい何を目的に記されたものなのであろう。継体天皇が病気になられ崩御《ほうぎょ》(死去)されたあと、継体二十五年冬十二月、継体天皇を藍野陵《あいののみささぎ》に葬った、という記事についで、次のような記事が載っている。

すなわち別伝(「或本に云はく」)には、継体天皇が亡くなられたのは「二十八年(甲寅《こういん》、西暦でいうと五三四)」のこととしてある。それにもかかわらず『日本書紀』が「二十五年（辛亥《しんがい》、西暦五三一）」としたのは、『百済本記《くだらほんき》』の記事を取ったからだろう、とする。

さらに特筆すべきは、その『百済本記』の記事の中には、次のような書き込みもあったという。それは、「聞くところによると、日本の天皇と太子、それに皇子は、同時に亡くなられたのだという」というものだ。

この記事は、いったい何を意味しているのだろう。

継体王朝をめぐる奇怪な謎かけは、さらにつづく。

継体天皇につづいて即位した安閑《あんかん》天皇にも、謎がつきまとう。

安閑天皇即位前紀には、次のように記されている。それによれば、継体二十五年の春二月、男大迹天皇《おおどのすめらみこと》（継体天皇）は勾大兄皇子《まがりのおおえのみこ》を立てて天皇とした（安閑天皇）。そしてこの日に、男大迹天皇が亡くなられた、という。すなわちこれによれば、継体天皇は二十五年（辛亥、五三一）に亡くなられ、その直前、安閑天皇が即位されていたことになる。

ところが、じつに不可解なのは、このあとの『日本書紀』の安閑天皇元年の最後の記述に、「この年は、甲寅（五三四）にあたる」とわざわざ注意書きを添えていることで、ここで年時の算盤勘定《そろばんかんじょう》が合わなくなっている。安閑天皇の即位の年時には、すでに矛盾が生まれていることになる。継体天皇の崩御の直前に禅譲《ぜんじょう》され即位していたはずなのに、その翌年のはずの「元年」が、二年の空白をおいて、三年後になっているわけである。『日本書紀』の主張は、一貫性を全く欠いている。

◆二朝併立論の根拠

ちなみに、このような『日本書紀』の揺れ動く記述がひとつの原因になって、二《に》朝併立論《ちょうへいりつろん》が生まれた。

二朝併立論の根拠となる奇妙な時間差

法王帝説	日本書紀	西暦
継体	継体	
		531
欽明	空位	
		534
	安閑	
		536
	宣化	
		540
	欽明	
		571
敏達	敏達	

二朝併立論とは、継体《けいたい》天皇の崩御《ほうぎょ》ののち、尾張《おわり》氏系の二人の御子《みこ》、安閑《あんかん》・宣化《せんか》と、手白《たしら》香皇女《かのひめみこ》の御子、欽明《きんめい》が、それぞれ袂《たもと》を分かち、二つの王家を独立させていたのではないか、という考えだ。これには、『日本書紀』以外の文書の記述も加味されている。

たとえば、仏教公伝に関して『日本書紀』は、壬申《じんしん》の年、欽明十三年（五五二）のことだったと記録しているが、『上宮聖徳法王《じょうぐうしょうとくほうおう》

日本最初の法師寺・飛鳥の元興寺（法興寺）

帝説《ていせつ》』は、そうではなく、欽明天皇の御代《みよ》ではあったが、「戊午《ぼご》」であったという。これを西暦に直すと、五三八年のこととなり、『日本書紀』のなかでは、宣化天皇の時代（宣化三年）に当てはまる。

蘇我《そが》系の寺院・元興寺《がんごうじ》（法興寺《ほうこうじ》）の『元興《がんごう》寺縁起《じえんぎ》幷《ならびに》流記《るき》資財帳《しざいちょう》』にも、興味深い記事が残されている。

それによれば、仏教公伝は欽明七年の「戊午」であったという。

仏教公伝の年を、これら二つの文書は「戊午」と指摘し、重なっていて、また、この年を『日本書紀』のいうように宣化三年のことではなく、『元興寺縁起幷流記資財帳』のいうように、欽明七年として考えてみると、『元興寺縁起幷流記資財帳』のいうところの「欽明元年」が、ちょうど西暦五三一年になり、継体天皇の崩御の年と重なってしまうことになるのである。

これを取るならば、継体天皇と尾張氏の目子媛《めのこひめ》との間の二人の皇子の即位する隙間がなくなり、安閑・宣化と欽明天皇が並び立っていた可能性が出てくるわけである。

この不思議な証言をうまく説明するために、次のような二朝併立論が生まれたわけである。

すなわち、継体天皇は大伴《おおとも》氏を中心とする勢力の手で担ぎ上げられたが、大伴氏はこののち半島政策で大失策をやらかしてしまう。そこで、継体天皇の崩御を待っていたかのように、反大伴派がのろしを上げる。それが蘇我氏で、蘇我氏が欽明天皇を擁立し、大伴派を抑えにかかった。大伴氏は、その三年後、反撃にでて、安閑天皇を擁立し、まるで中世の南北朝の動乱のような二朝併立状態に陥った、とする。ただし、宣化天皇の死後、両朝はふたたび合併し、混乱は収拾されたというのである。

たしかに、継体天皇の出現から尾張系の皇子たちが即位していった段階の『日本書紀』の記述は不審である。そして、周辺の文書が、奇怪な謎かけを残していることも事実である。ところが、「継体紀」の国内問題の「年月」に関する記事は、「あてにならない」という見解が有力視されるようになって、これらの問題は、あやふやな雰囲気をただよわせている。

分裂や内乱というような、過激な王朝の混乱はなかったものの、王権内部にかなりの動揺があり、二大勢力の拮抗《きっこう》があってもおかしくはない、と考えられるようになった。またいっぽうで、八世紀からみて最初に確認できる天皇は、継体天皇ではなく、じつは「欽明天皇」にほかならなかったのではないか（鬼頭清明《きとうきよあき》『日本古代国家の形成と東アジア』校倉書房）、とする説も出現したのである。

◈継体は単純な始祖王ではない

このように、継体《けいたい》天皇は、その出現の仕方にも謎が秘められているが、即位したのちにも、不思議なことがいっぱいある。そして、これまでに定説と呼ばれるような確固たる継体天皇像というものは、生まれることはなかったのである。

ただし、ここで二朝併立論《にちょうへいりつろん》や、欽明《きんめい》天皇に深入りするつもりはない。ここでいいたいのは、王朝交替論者がいうように、継体天皇が新王朝で、その後の天皇家の始祖になったとするならば、なぜこのようなはっきりとしない謎を、後世に残す必要があったのか理解に苦しむ、ということなのである。

その最もいい例が、安閑《あんかん》天皇の即位をめぐる『日本書紀』の記述であろう。継体天皇の崩御の直前に禅譲《ぜんじょう》されていた、と記録しておきながら、安閑元年は、それから三年後のことだったと、わざわざ注意を促しているのである。

これは、普通ならありえない記述であり、このような常識外の記述を『日本書紀』の編者が行った、というただそれだけでも、継体天皇の謎の深さを思い知らされるわけである。そして、継体が単純な「始祖王」ではないことも、ご理解いただけるのではないだろうか。

それでは、どうすれば継体の謎は解けるというのだろう。

簡単なヒントがある。それは、継体天皇の出現の前とあとでは、社会にどのような変化が起きていたのか、まずこれを整理しておくことである。

たとえば、天皇家自身の問題として、天皇家の「政治力」の発展、という物差しがある。

三世紀から四世紀にかけてのヤマト建国は、強い王権による征服劇などではなく、首長層の合意の下、首長層の中の一人が、王に立てられたにすぎなかった。したがって、ヤマトの大王は、はじめ独裁者ではなかった。合議制の下の、司祭者的性格をもった王権にすぎなかった。

ところが、朝鮮半島の流動化する政局と戦乱に対処し、紛争に介入しているうちに、ヤマトの王は次第に半島や大陸で、ちょっとは名の知れた王家になっていた。そしてもちろん、少しずつ大王に権力が集まりだしたのである。五世紀の倭《わ》の五王《ごおう》（讃《さん》・珍《ちん》・済《せい》・興《こう》・武《ぶ》）がこれで、最後の「武」は、『日本書紀』や『古事記《こじき》』にある第二十一代雄略《ゆうりやく》天皇と考えられていて、この人物の時代、ヤマト朝廷内における大王家の比重は、飛躍的に高まった可能性が高い。

雄略天皇が古代ヤマト朝廷の何かしらの画期を形作ったであろうことを、今や疑う者はいないだろう。

『日本書紀』の使う「暦」が中国の元嘉暦《げんかれき》と儀鳳暦《ぎほうれき》の二種類あって、雄略天皇の時代を境に入れ替わっていること、『万葉集《まんようしゅう》』のなかで、雄略天皇のつくった歌が、事あるたびに、栞《しおり》のように、巻のはじめ（第一巻と第九巻）に配置されていること、これが意図的で、『万葉集』が雄略天皇を特別視し意識していると指摘されてもいる（岸俊男《きしとしお》『巨大古墳を造る』史話日本の古代、大塚初重《おおつかはつしげ》編、作品社）。

じっさい、制度史的にみても、雄略天皇の時代に、大きな変化が起きていたとされている。次第に、大王に権力が集まる体制が、整えられはじめていったと考えられているのである。

◈通説が見誤った天皇家の目指したベクトル

大王家（天皇家）への力の集中という潮流は、やがて六世紀から七世紀にかけての蘇我《そが》氏の出現によって一度は頓挫《とんざ》したといっぱんには考えられている。さらに中大兄皇子《なかのおおえのみこ》や中臣鎌足《なかとみのかまたり》の乙巳《いっし》の、大化改新《たいかのかいしん》でふたたび権力は天皇家が取り戻し、さらには、壬申《じんしん》の乱を経たのちの天武《てんむ》天皇の即位によって、皇親政治《こうしんせいじ》という形で、完成に近づいた、と考えられている。

ちなみに、さらに付け加えると、天武天皇の「強い天皇」という遺志は、長屋王《ながやおう》ら天武系の皇族によって引き継がれたが、最終的に、豪族層に権力を引き戻そうという運動の前に潰《つい》え去ったのだ、とも考えられている。その運動の中心にたったのが藤原不比等《ふじわらのふひと》で、不比等は天皇の実権を奪うための律令を整備したのだと考えられているわけである。

これを単純化すると、次のようになる。

三世紀のヤマト合議制政権の誕生（弱い王権）→五世紀の雄略《ゆうりゃく》天皇の登場によっ

て強い王権への道がつくられる→六〜七世紀の蘇我氏の登場による強い王家の挫折→中大兄皇子らの乙巳の変、大化改新によって強い王家の復活→壬申の乱を勝利した天武天皇の皇親政治。強い天皇の完成→祖父天武の敷いた皇親政治路線を継承しようとした長屋王→長屋王を滅亡に追い込んだ藤原不比等の律令制度によって弱体化された王権……

だが、これが大いなる誤解の下にできあがった図式であったことは、すでに拙著『大化改新の謎』（ＰＨＰ文庫）等で指摘したとおりだ。六世紀から八世紀にかけての「天皇家」が向かっていた「ベクトル」を、通説は完璧に見誤っている。

まず時代を逆に追っていくと、天武天皇が目指した皇親政治は天皇権力の強化ではなかった。答えはまったく逆なのである。皇親政治とは土地をすべて一度国家の所有物にし、再度人びとに分配するという律令制度導入のための方便にすぎなかった。

かつて私有地、私有民を保有していた豪族層には、その見返りに、相応の官職を与えなければならなかった。その最初の枠組み作りには、「強い調停者」の出現が不可避だったのだ。だからこそ、天武天皇は、「皇親政治」という非常手段をとらざるを得なかったのである。

そのいっぽうで天武が最終的に目指したのは、合議を尊重した政治運営にほかならなかったのだ。

次に、乙巳の変、大化改新は、蘇我氏の専横を懲らしめ、天皇権力の強化のため、と信じられてきたが、どうやらそう単純ではないようだ。

まず第一に、天皇家の力を強くしようと働きかけてきたのは、じっさいには蘇我氏であったらしいことが分かってきている（とはいっても専制的な権力を与えるというのではない）。そして、蘇我氏が律令整備の中心に立っていた可能性が高いのである。天武天皇が壬申の乱に際し、蘇我氏らに助けられたように、六世紀来七世紀にいたるまで、旧態依然《きゅうたいいぜん》としたヤマト朝廷の制度を刷新し整えていった中心勢力は、蘇我氏にほかならないのである。

◈独裁を目指した雄略と武烈

そこでさらに時間を遡って、五世紀の雄略《ゆうりゃく》天皇の出現に注目してみよう。

このとき雄略天皇は、皇位継承権がなかったにもかかわらず、有力な皇族を皆殺しにして、強引に皇位を簒奪《さんだつ》していたのだ。またこの時、皇子たちをかくまった

蘇我氏の本拠地であるとともに修験道のメッカ・葛城山系

円大臣《つぶらのおおおみ》を殺している。

この円大臣こそが、武内宿禰《たけのうちのすくね》の末裔の葛城《かつらぎ》氏にほかならない。

雄略天皇の乱暴なやり方が強い権力を引き寄せたが、当然ヤマトの豪族の反発を買い、この天皇に付き従うものは、一握りの渡来系豪族だけだったと『日本書紀』は伝えている。

さて、もうひとつ、おもしろい事件を。

五世紀末に、もう一人暴君が出現している。それが、継体《けいたい》天皇の登場の直前の武烈《ぶれつ》天皇だ。

この人物が実在したかどうかはべつにして、ひとつの興味深い現象が見て取れる。それは、この天皇が即位する直前、当時最大の権力を握っていた武内宿禰の末裔の平群《へぐり》氏と武烈は反目し、ついに武烈は兵を挙げ、平群氏を討ち滅ぼした、というのである。

ここで問題にしたいのは、「独裁志向の大王（天皇）」の出現に際し、武内宿禰の末裔氏族が常に受難している、ということで、乙巳《いっし》の変《へん》の蘇我入鹿《そがのいるか》暗殺も、そっくりこの図式が当てはまることは、他の拙著の中で繰り返し述べてきた。

なぜこのような「独裁志向の大王」と「武内宿禰の末裔の受難」の歴史に注目したかというと、継体天皇の出現ののち蘇我氏は勃興するが、継体天皇の出現こそが、武内宿禰の末裔の豪族にとって好都合だったのではないかと思えてならないからである。

というのも、五世紀に半島の争乱があって、ヤマト朝廷は積極的に介入、結果、必然的に強い王家が育ちつつあった。だが、その流れは、「雄略」や「武烈」に象徴される独裁志向の大王らによって破局を迎えたことになる。豪族層の合議というヤマト朝廷誕生以来の伝統を豪族層が守ろうとし、そのために担ぎ上げられたのが継体天皇だったのではないかという思いが、頭をよぎるのである。

そして、「継体天皇」は王権のリセットであり、だからこそ「トヨの子」「忘れ去られたトヨの御子」が求められたのではなかったか。

このように、継体天皇をめぐっては、三世紀から五世紀にかけての歴史が、大き

いまだに献花が途切れない入鹿の首塚

な意味を持っていたわけである。そして、武内宿禰やその末裔が大きな役割をにない、継体擁立の支持勢力になっていった疑いが出てくるわけである。

他の拙著の中で繰り返し述べてきたように、『日本書紀』の最大の目的は、「蘇我」の正体をいかに抹殺するかであり、そのために三世紀のヤマト建国に果たした蘇我氏の祖・武内宿禰の活躍と正体が抹殺されたわけである。

そして五世紀、雄略という「強い権力を目指す王家の突然変異」の出現によって、ヤマト朝廷は分裂の危機を迎え、さらには、あくまで豪族層による合議制を守り抜こうとした武内宿禰の末裔が、受難していたわけである。

とするならば、継体天皇をめぐる曖昧な記述は、「武内宿禰の末裔」を意識した八世紀の『日本書紀』の編纂者たちの複雑な思いを反映しているのではあるまいか。

◈「雄略的」「反雄略的」という二つの流れ

雄略《ゆうりやく》天皇と諸豪族のにらみ合い、二つの異なった意見を持った王家の出現は、そのまま六世紀、七世紀を経て、八世紀にまで影響を及ぼしていた可能性を疑っておいたほうがいい。

そして「雄略的」な流れを汲む王家は「反蘇我《そが》」で、かたや「反雄略」を標榜《ひょうぼう》する王家や豪族層は「親蘇我」というおおざっぱな分け方が可能となる。

もちろん、「雄略的」な王家の出現で疲弊したヤマトを建て直すために選ばれた王が継体《けいたい》であり、「反雄略的」な王であったろう。継体天皇の出現ののち蘇我氏が勃興したのは、通説が言うように、蘇我氏が欽明《きんめい》天皇に荷担したからではなく、継体天皇そのものが、「反雄略的」な大王だったと考えられる。

蘇我が実権を伴わない「トヨの御子《みこ》の王家」を支持した証拠は、七世紀の蘇我氏全盛期の飛鳥《あすか》の蘇我の王家のことごとくが、「トヨ」の名を冠していることからもはっきりしている（第三章で既述）。

聖徳太子《しょうとくたいし》に代表される「蘇我の王家」の行政改革事業は、隋《ずい》や唐《とう》で完成した律《りつ》令《りょう》制度《せいど》を目標にしたものだった。律令制度は「皇帝」を頂点とした強力な中央集権国家を形成するための明文法なのだから、一見して七世紀の改革事業は、天皇家中心の政治を目指したかのように見える。しかし、実態はまったくかけはなれていて、蘇我の王家は、中国で生まれた律令制度を日本流にアレンジし、ゆるやかな合議制のための法体系に組み替えていったのである。

これに対抗したのが、中大兄皇子《なかのおおえのみこ》（のちの天智天皇《てんじ》）や藤原《ふじわらの》不比等《ふひと》の父親の中《なか》臣《とみのかまたり》鎌足だった。彼らは、蘇我入鹿《そがのいるか》を暗殺し、大化改新《たいかのかいしん》という偉業を成し遂げたと信じられているが、中大兄皇子の目指したものは、律令制度の導入による理想国家の建設ではなく、たんに雄略的な王家の復興を目指しただけであり、だからこそ「蘇我」が邪魔になったにすぎまい。

藤原氏は、中臣鎌足がそうであったように、『日本書紀』の中で「雄略的」な中大兄皇子（天智天皇）を英雄視し、逆に「反雄略的」な「蘇我」を敵視し悪し様に罵った。

そして藤原不比等は、天智天皇の娘でやはり「雄略的」な持統《じとう》天皇に大抜擢され、『日本書紀』編纂《へんさん》に大いに活躍したのである。

このようなヤマト朝廷の政争の傷痕を俯瞰《ふかん》すれば、五世紀来八世紀につながる日本の対立軸が垣間見えてくる。そして八世紀の藤原氏の政権が、七世紀に没落した「反雄略的」な政権の正体を抹殺するべく『日本書紀』を編纂した、という構図がはっきりとしてくるのである。

すなわち、『日本書紀』の継体天皇の出現とその後の不可解ないくつかの記述は、「反雄略的な継体天皇」という鍵をもって解き明かすことができるのではあるまいか。すなわち、二朝併立問題にしても（何が起きていたのかを詳細に再現することはできないにしても）、二つの思惑を秘めた王家の暗闘を想定することが可能となる。

◈尾張系天皇家に対する『日本書紀』の冷淡

そしてここではっきりさせておきたいのは、すでに触れたように七世紀の飛鳥《あすか》の蘇我《そが》の王家が、「トヨの王家」であり、この「反雄略的《ゆうりやく》」な王権が、神功皇后《じんぐう》（トヨ）や応神《おうじん》天皇を強く意識していたという事実であり、これを潰しにかかったのが、中大兄皇子《なかのおおえのみこ》や中臣鎌足《なかとみのかまたり》だったということである。

このような「合議制」「王権強化」を目指す二つの流れは、天智《てんじ》天皇崩御後のヤマト朝廷を、ふたたび分裂に誘った。それが天智の子・大友皇子《おおとものみこ》と天智の弟・大海人《おおあま》皇子の対立であった。そして壬申《じんしん》の乱が勃発し、大海人皇子が勝利するが、この対立軸のどちらが「反雄略的」かといえば、それは大海人皇子であった。その理由はいたって簡単で、蘇我系豪族がこぞって大海人皇子のために命を投げ出していたのは、意味深いことなのである。

つまり蘇我氏は、蘇我系皇族・聖徳太子《しょうとくたいし》（実態は蘇我氏であることは、他の拙著の中で述べた）がはじめた律令制度の整備事業の夢を、「反雄略的」な大海人皇子に託した、ということであろう。

ここであらためて継体《けいたい》天皇の三人の皇位継承候補に注目してみよう。彼らの誰が「雄略的」で、誰が「反雄略的」だったのだろう。

継体が擁立《ようりつ》される以前にすでに生まれていた尾張《おわり》系の二人の御子に対し、『日本書紀』は、継体天皇とともに亡くなっていたかもしれないという不気味な記事を残し、じっさい、「尾張系の王統」はここに終焉《しゅうえん》し、前王家の女人・手白香皇女《たしらかのひめみこ》との間の子が王統を継承し、欽明《きんめい》天皇が誕生していたのだと『日本書紀』はいう。

ここでこれまで述べてきたような王家の内部にできあがった二本の流れを想定したとき、この「尾張系王統」に対する『日本書紀』の曖昧で、それでいて暗示的、しかも冷ややかな印象を受ける記述を無視することはできない。八世紀の『日本書紀』が「雄略的」な王家に対して好意を持っていたのだから、尾張系の二人の皇子が「反雄略的」ということであろう。

そして問題は、『日本書紀』が、

「尾張系の王家は消えてなくなったのだ」

と暗示していたことである。それは「事実」ではなく、二つの対立軸そのものが存続したことを『日本書紀』が認めたくなかったということではなかったか。

それは、七世紀の蘇我氏を意識していたからである。

もちろんこのような図式は、『日本書紀』の表面上の記述からは、読みとることができない。しかし、七世紀の政争を見るにつけ、六世紀の継体天皇の誕生、そしてその後の皇位継承者をめぐる不可解な記述は、二つの思惑が実在したと想定しなければ、到底理解できないのである。

そして問題は、蘇我のみならず「継体王家」のもうひとつの流れをつくった「尾張」そのものについて、『日本書紀』が頑ななまでに、その正体を抹殺しようと躍起になっていることなのだ。

とするならば、継体天皇の誕生とその後のヤマトの政争の歴史を再現するには、

「尾張」がキーワードになってくるのではあるまいか。

そこで以下、しばらく「尾張」について考えてみたい。

◈尾張氏は継体天皇にもっとも近しい一族

あらためて述べるまでもなく、安閑《あんかん》・宣化《せんか》天皇の母は尾張《おわり》氏系の目子媛《めのこひめ》なのだが、一般に継体《けいたい》天皇の謎を考える場合、尾張氏はあまり話題に上ることはない。

これは、継体天皇の出身地が尾張氏の本拠地、東海ではなく、北陸や琵琶湖周辺だったためで、むしろこの近辺の豪族、息長《おきなが》氏らが、継体天皇擁立に関係づけられ、注目されている。

もちろん、琵琶湖周辺の豪族たちが継体天皇と密接にかかわっていたことはたしかだろう。しかし、尾張氏にあまり関心を示されないことに、違和感を感じざるを得ない。

なぜ尾張氏は、これまで注目されなかったのだろう。それ以前に、そもそも尾張氏とは何者なのか。

のちにふたたび詳述するが、『日本書紀』によれば、尾張氏の祖は、天照大神《あまてらすおおみかみ》の孫・天津彦彦火瓊瓊杵尊《あまつひこひこほのににぎのみこと》が天孫降臨《てんそんこうりん》したのち、皇祖神《こうそしん》の系譜から枝分かれした火《ほの》明命《あかりのみこと》なる神であったとしている。

もちろん通説は、このような『日本書紀』の記述を、微塵《みじん》も信じていない。尾張氏は尾張土着の豪族であり、『日本書紀』のいうような系譜は、後世の附会に過ぎない、というわけである。

また、もうひとつ付け加えておくと、物部《もののべ》系の伝承『先代旧事本紀《せんだいくじほんぎ》』は、物部氏の祖の饒速日尊《にぎはやひのみこと》の諡号《しごう》は天照国照彦天火明櫛玉饒速日尊《あまてるくにてるひこあまのほのあかりくしたまにぎはやひのみこと》だったといい、『日本書紀』のいうところの尾張氏の祖と同じ「火明」の二文字を当てている。また、饒速日尊の子に天香語山命《あまのかごやまのみこと》がいて、これが尾張氏の祖であったとしている。とするならば、ここに、『日本書紀』と『先代旧事本紀』の間に、尾張氏の祖をめぐる異なる伝承が存在したことになる。どちらの伝承が、より史実に近いのかについては、こののちふたたび触れるとしよう。

ところで、神武《じんむ》東征に際し、神武天皇が熊野の山中で毒気に当たり往生していたところに、土着の高倉下《たかくらじ》なる人物が現れ、一行を助けるという話があるが、『先代旧事本紀』は、この高倉下を、先述した天香語山命の別名であり、尾張氏の祖であったと記録している。

尾張氏は継体天皇のみならず、孝安《こうあん》紀と孝元《こうげん》記で后妃《こうひ》の記事に割り込んでいる

ヤマトタケルがしばらく滞在した酒折宮（山梨県甲府市）

が、尾張氏の名をもっとも有名にしたのは、なんといってもヤマトタケル（日本《やまと》武尊《たけるのみこと》、倭建命《やまとたけるのみこと》）伝承であろう。

『日本書紀』には、東国征討を終えたヤマトタケルが尾張にたどり着き、そこで尾張氏の娘・宮簀媛《みやすひめ》を娶《めと》ったとある。久しくこの場にとどまったが、近江の五十葺山《いぶきやま》（伊吹山《いぶきやま》）に荒ぶる神がいるというので、草薙剣《くさなぎのつるぎ》を置いて退治に向かった。だが、山の神の毒気に当たったヤマトタケルは、身が萎え、そのまま伊勢に向かい、最期を迎えるのである。

『古事記』の話は、少し違う。

ヤマトタケルは、東国に向かう途次、まず尾張に立ち寄り、尾張国造《くにのみやつこ》の祖・美夜受比売《みやずひめ》の家に上がった。ここで結ばれるかと思いきや、東征を終え、かえってきたときでも遅くはないと、ヤマトタケルはそのまま東国に向かってしまう。その後、凱旋したヤマトタケルは、美夜受比売と結婚されたのだった。もちろん、こののちヤマトタケルは伊吹山の神の毒気に当たり、亡くなられるのだが……。

このように、『日本書紀』や『古事記』の記述を読む限り、尾張氏は、歴史的にみて、それほど重要な役割をになっていたわけではない。多くの話が神話じみていて、実態がよく分からないのだ。だからこそ、通説も尾張氏に冷淡なのであろう。

ところが、ここで奇妙なことがある。

継体天皇陵とされる今城塚《いましろづか》古墳（大阪府高槻《たかつき》市郡家新町。六世紀前半の前方後円《ぜんぽうこうえん》墳《ふん》。全長三百五十メートル、墳丘の長さ百九十メートル、高さ十二メートル、後円部の径百メートル）とそっくりな形の前方後円墳が、尾張氏の本拠地名古屋市内にある。それが、熱田神宮《あつたじんぐう》のすぐ脇の断夫山《だんぷさん》古墳と、やや北方の春日井市の味美二子《あじよしふたご》山《やま》古墳である。

そしてすでに触れたように、継体天皇の今城塚古墳の八割の大きさが断夫山古墳、五割の大きさが味美二子山古墳なのである。

これは偶然ではなく、継体天皇の古墳と同じ規格を用いて、尾張氏がそっくりな古墳を造っていたことが分かる。すなわち、継体天皇にもっとも近い氏族が尾張氏

草薙剣が祀られる尾張氏の熱田神宮

熱田神宮に寄り添うように造られた断夫山古墳

だった可能性が高いのである。

◈『日本書紀』は尾張氏の正体と活躍を抹殺している

さらに、尾張《おわり》氏の謎を深めているのは、『日本書紀』が尾張氏の正体と本当の活躍を闇に葬っている可能性が高いことである。

とくに、七世紀後半の壬申《じんしん》の乱における尾張氏の活躍は、そっくりそのまま抹殺されている。

古代史最大の内乱・壬申の乱は、天智《てんじ》天皇の子・大友皇子《おおとものみこ》と天智天皇の弟・大《おお》海人皇子《あまみこ》（天武《てんむ》天皇）の皇位継承権争いであった。大海人皇子は吉野《よしの》に隠棲《いんせい》し、大友皇子が先に動き、大海人皇子を害そうとした。

もっとも、通説は、『日本書紀』は天武天皇の都合のいいように書かれているから、壬申の乱の記述は偏った正義だ、と片づける。

このことについては反論があるが、今回は関係がないので割愛する。それよりも、『日本書紀』が壬申の乱の尾張氏の活躍をまったく記録していないことこそ、大問題なのである。

なぜ『日本書紀』が、尾張氏を無視したかが分かるかというと、『日本書紀』の次に記された正史『続日本紀《しょくにほんぎ》』に、尾張氏の壬申の乱の活躍の記録がはっきりと残っていたからなのだ。

『日本書紀』がせっかく?ていねいに尾張氏の業績を塗りつぶしておいたのに、『続日本紀』の編者が「ついうっかり」記録しておいてくれたために、歴史解明の大きなヒントが残された、ということになる。

『続日本紀』霊亀《れいき》二年（七一六）四月の条には、壬申の功臣の子らに田を賜《たまわ》ったという記事があり、その中のひとりに尾張宿禰大隅《おわりのすくねおおすみ》の子、稲置《いなき》の名がある。

さらに、天平宝字《てんぴょうほうじ》元年（七五七）十二月の条には、壬申の功臣の名の中に尾張宿禰大隅が挙げられ、功田《こうでん》を三世に伝えさせた、とある。つまり尾張氏は壬申の乱で活躍していた、ということを言っているのである。

ではその内容はどのようなものだったかというと、ここで『続日本紀』は、尾張宿禰大隅の壬申の乱における具体的な活躍を次のように記録している。

大海人皇子が吉野から逃れ、東国入りしたときのこと、大隅は自宅を掃き清めて行宮《あんぐう》とし、軍資を用意して大海人皇子を迎え入れたといい、その功績はじつに重大だ、というのである。

壬申の乱の勝敗の行方は、大海人皇子が近江朝の監視の目をかいくぐり、東国に逃れた時点で決したのだ。ただそうはいっても、それはあとから見てそう思うだけで、いまだどちらに転ぶとも分からない段階で、真っ先に尾張氏が大海人皇子の味方についたという事実は、非常に重要な意味をもっている。じっさいに、大海人皇子が東国に逃れたという情報が近江朝に入ったとたん、多くの兵士たちは恐れおののき、てんでバラバラに逃げ出してしまったのだと『日本書紀』は伝えている。

とするならば、文句なく尾張氏は壬申の乱最大の功労者であり、その尾張氏の活躍を、『日本書紀』がまったく無視してしまったという事態こそ、異常といわざるをえない。そしてその理由を、これまで正確に言い当てた学説は、果たしてあっただろうか。

◈蘇我氏とつながってくる尾張氏

尾張《おわり》氏が活躍を抹殺された理由をひとつあげるとすれば、この一族が蘇我《そが》氏と強いつながりをもっていたことぐらいだろうか。

『日本書紀』推古《すいこ》三十二年十月の条には、「葛城県《かづらきのあがた》」が蘇我馬子《うまこ》の本貫地《ほんかんち》で、だからこの県の地名を名前にしたという記事が残されている。武内宿禰《たけのうちのすくね》の末裔氏族に葛城《かつらぎ》氏があるが、蘇我馬子は蘇我葛城臣とも称していたらしい。

皇極《こうぎょく》元年是歳《このとし》の条には、蘇我馬子の子の蝦夷《えみし》が、葛城の高宮《たかみや》に祖廟《そびょう》を造り、八《や》佾《つら》の舞《まい》をしたと記されている。

これに対し、尾張氏の場合、葛城に「高尾張《たかおわり》」という地名があるように、本貫地は葛城で、蘇我氏と共通する。

蘇我と尾張のつながりは、『日本書紀』にもその微証が残されている。宣化《せんか》元年夏五月、宣化天皇は飢饉《ききん》に備えて、各地から筑紫《ちくし》に穀物を集め、備蓄するようにと詔《みことのり》を出している。

その中で、物部大連麁鹿火《もののべのおおむらじあらかひ》は新家連《にいみのむらじ》を遣わし、新家屯倉《みやけ》（伊勢国壱志《いちし》郡新家か。物部《もののべ》神社がある）の穀物を、阿倍臣《あべのおみ》は伊賀《いが》臣を遣わして、伊賀国の屯倉の穀物を、そして、蘇我大臣稲目《そがのおおおみいなめ》は、尾張連《おわりのむらじ》を遣わして、尾張国の屯倉の穀物を運ばせた、というのである。

ここで重要なのは、物部氏にしろ阿倍氏にしろ、同族の者を遣わしていることで、とするならば、この場合、蘇我氏と尾張氏は、非常に近しい間柄であったということになる。

では、なぜ『日本書紀』は、尾張氏に対し、微妙な態度を示したのであろう。

これだけは言えるだろう。すなわち、これまでの通説がほとんど通用しないのが、尾張氏なのである。通説はこのような「尾張氏」という難問から目を背けているのではあるまいか。

通説の言うように、継体《けいたい》天皇が新王朝であり、もし仮に八世紀の朝廷が、継体を「始祖」と仰いでいたというのなら、なぜ継体擁立の重要なファクターになったであろう尾張氏は『日本書紀』のなかで礼賛されなかったのだろう。また通説は、『日本書紀』が天武《てんむ》天皇の正当性を証明するために記されたと言うが、それなら壬申《じんしん》の乱の大切な後ろ盾になった「尾張氏」を、『日本書紀』は、なぜ邪険に扱う必要があったというのだろう。

それはただたんに、「蘇我氏と仲がよかったから」という理由だけだったろうか。

◈トヨと尾張氏の知られざるつながり

尾張《おわり》氏が『日本書紀』に邪険にされた最大の理由は、「トヨ」と関わりをもっていたからではあるまいか。

七世紀の「蘇我《そが》系の王家」の人びとが「トヨ」の名を冠していたのは、蘇我氏の祖武内宿禰《たけのうちのすくね》が神功《じんぐう》皇后の忠臣であったことと無縁ではない。では、尾張氏と「トヨ」の間に、どのような接点があるというのだろう。答えは意外に簡単に出てくる。尾張氏の祖の名が、そのまま「トヨ」を暗示しているからである。

尾張氏の始祖は天香山命《あまのかごやまのみこと》（天香語山命）で、天香具山といえば、ヤマトを代表する霊山として名高い。

この天香具山《あまのかぐやま》こそがトヨの山であった。なぜそういえるのか、有名な持統《じとう》天皇の天香具山の歌の中に、ヒントは隠されている。

時代は七世紀、天武天皇亡き後の飛鳥《あすか》で、持統天皇が天香具山をめぐる歌を一首詠《うた》っている。

春過《はるす》ぎて夏来《なつきた》るらし白栲《しろたへ》の衣《ころも》乾《ほ》したり天《あま》の香具山《かぐやま》

『万葉集』のなかでもかなり知られた歌であるが、これまでその真意はつかみかねていた。春が過ぎて夏が来た。天香具山に白栲《しろたえ》の衣が乾してあるよ……という即物的な歌である。

だが、この内容はちょっとおかしなところがある。というのも、ヤマト一の霊山に白い衣が乾してあるというのは、あまり現実的ではないからだ。かつて霊山には、原則として人間は入ることはなかった。その霊山に日常的に洗濯物が乾してあ

羽衣伝承のふるさと・天橋立

るはずがなかったのである。
だが、歴史作家梅澤恵美子《うめざわえみこ》氏は、この「白梼」の謎を、明確に言い当てた。「白梼」が乾してあるのは、「白梼」の主が豊受大神《とようけのおおかみ》であり、「白梼」はようするに「羽衣《はごろも》」だった、というのである。
「羽衣」は、古代の重要な呪具である。豊受大神は「羽衣」を奪われ、自由を失った。かぐや姫は月の都にかえるとき、「羽衣」を着ることで、人間ではなくなるといっている。人間でないものとは、ようするに、神のような存在であり、事実、天皇は即位後の大嘗祭《だいじょうさい》で、「羽衣」を着込んだ瞬間に、人間ではなくなる。
つまり、「羽衣」は「人」が「神」になるための呪具であり、王権のシンボルでもあったのだ。持統天皇は天香具山の歌のなかで、天香具山のほとりで女神《めがみ》が沐浴《もくよく》し、羽衣が乾してあること、それを奪ってしまおうと、歌ったということだ。ようするに政権交替のチャンスが到来したことを言い表していたわけである（詳細は『壬申の乱の謎』ＰＨＰ文庫）。

そして問題は、天の羽衣の持ち主が豊受大神（トヨ）であったこと、天香具山でトヨが沐浴していたのは、どうやら偶然ではないようだ。

というのも、天香具山の周辺には「トヨ」が満ちあふれているからである。

たとえばそれが、神武東征《じんむとうせい》だ。

東征に際し、ヤマト土着の抵抗勢力の反発に困惑した神武であったが、神託を得て、天香具山の呪術を執り行った。天香具山の土を取って平瓫《ひらか》を造り、天神地祇《てんじんちぎ》を祀ったところ、敵を倒すことができた、というのである。

天香具山の呪術を行った神武天皇は「忘れ去られたトヨの御子《みこ》」であった。

天香具山の豊受大神は、いっぽうで、丹後《たんご》半島の籠《この》神社で祀られる豊受大神であり、ここでは、濃厚な浦島太郎《うらしまたろう》伝説に彩られているが、この神社を守り続けてきたのは大海《おおあま》氏で、この一族は尾張系である。

◈「籠」が解き明かす尾張氏の謎

尾張《おわり》氏の祖と同じ名をもつ天香具山《あまのかぐやま》が「トヨ」の山だった。とするならば、尾張氏はヤマトを代表する聖なる一族であった疑いが出てくる。その証拠に、天香具山の「カグ」は「カゴ」とも読み、神聖な「籠《かご》」を意味しているからである。

ちなみに、天香具山から銅の原料を採掘したという『日本書紀』の記述や、さらには、天香具山の「カガ」「カゴ」は、朝鮮語の「金」や「銅」を意味する「カル」であり、渡来系の金属冶金《きんぞくやきん》集団が祀った山ではないか、とする説が有力視されている。

しかし、これから述べるように、「カグ」「カゴ」は、単純に「籠」とみなしたほうが単純明快である。というのも、「カゴ＝籠」は、古来大切な呪具として珍重されてきたからであり、天香具山が「天《あま》の籠山《かごやま》」であればこそ、神聖な山として尊ばれた理由が、ストレートに伝わってくるのである。しかもそれは、王権の行方を左右するほどの力をもった霊山である。「カゴ」は、やはり、このうえなく神聖な器＝籠が相応しい。

これが何を意味するのか、「籠」について考えてみよう。

海幸山幸神話の舞台となった(?)鵜戸神宮(宮崎県日南市)

まず「籠」を編む竹そのものが驚異的な成長力を持つところから、神聖視されたものだ。竹で編んだ籠は、たんなる生活の道具ではありえない。

能楽《のうがく》でも、シテは「笹」をもって登場することがあるが、「笹」を持たせるだけでシテの神聖さを表象していたわけである。

また、竹で編んだ「籠」は、平安時代以前、神への供物《くもつ》入れだった。たとえば折口信夫《おりくちしのぶ》氏は、「籠」について、「神の在処」であり、太陽神を表しているのではないか、と推理している(『折口信夫全集第2巻』中央公論社)。

即位後の最初の新嘗祭《しんじょうさい》である大嘗《だいじょう》祭《さい》において、天皇は神聖な「籠」に座って儀式を執り行う。海幸山幸《うみさちやまさち》神話で皇祖神・山幸彦が海神《わたつみ》の宮に誘われたとき、乗せられたのは水が入り込む隙もないほど固く編んだ「籠（無目籠《まなしかたま》）」だった。籠神《この》社（尾張系の、「籠」の名を冠した神社ということになる）の伝承には、豊受大神《とようけのおおかみ》は、はじめ鳥籠《とりかご》のようなものに入って虚空《こくう》に浮いて輝いていたという。

　このように、「籠」は、朝廷を代表する「聖なるもの」たちの、大切な呪具《じゅぐ》であった。とするならば、天香具山の「カグ」は、「籠」が相応しい。

　尾張氏が丹後半島の「籠神社」を祀るのは、「天香山命《あまのかぐやまのみこと》（カグ）」が「天香語山命《あまのかごやまのみこと》（カゴ）」であり、「天籠山《あまのかごやま》（カゴ）」だからだろう。

◈なぜ籠の一族・尾張氏は東国に進出したのか

天香具山《あまのかぐやま》が天の「籠《かご》」山であり、尾張《おわり》氏は「籠」や「トヨ」と密接につながっていた。そして、「籠」も「トヨ」も、どちらもヤマト朝廷の誕生や「王権の新生」にかけがえのない存在なのである。

　では、このような「トヨ」や「神聖な器」に関わりをもっていた尾張氏とは何者なのか。しかも、その一族が、なぜ東国に勢力を伸ばしていたのだろう。さらには、なぜ六世紀、継体《けいたい》天皇を強力にバックアップしたのだろう。その動機はどこにあったのか。

それ以上に、『日本書紀』がこの一族の正体を抹殺したところに問題がある。なぜ八世紀、「籠の一族」の活躍を歴史から抹殺し、闇に葬ってしまったというのだろう。

尾張氏をめぐっては、おおまかに言って二つの系譜が存在する。

ひとつは『日本書紀』の言うような、皇祖神《こうそしん》から枝分かれした尾張氏であり、もうひとつは『先代旧事本紀《せんだいくじほんぎ》』の、天照国照彦天火明櫛玉饒速日尊《あまてるくにてるひこあまのほのあかりくしたまにぎはやひのみこと》（饒速日尊）から天香語山命《あまのかごやまのみこと》（天香山命）、そして尾張氏につづく系譜である。

どちらの系譜を取るべきかについては、こののちくわしく述べるが、ここではまず、『先代旧事本紀』の指摘に注目してみよう。

尾張氏が饒速日尊からつづいているという『先代旧事本紀』の記述は、大きな問題を孕《はら》んでいる。というのも、他の拙著の中で繰り返し述べてきたように、饒速日尊は出雲の出身であり、大物主神《おおものぬしのかみ》と同一だからであり、つまり、『先代旧事本紀』の系譜は、尾張氏が「出雲」であった可能性を示しているのである。

そこでしばらく、尾張氏と出雲の関係について述べていきたいが、継体天皇の謎解きに、尾張や出雲という要素は欠かすことはできない。なぜならば、次第に明らかになっていくように、ヤマト建国後の東国は、「出雲」の強い影響を受けるからなのだ。そして継体天皇は、このような「東国の出雲」を背負ってヤマトに登場するのである。

すなわち「東国の尾張と出雲」は、ゆゆしき問題なのである。

◈出雲神・建御名方神の逃亡ルートに重なる尾張氏

出雲と尾張《おわり》氏のつながりといえば、すぐに挙げることのできる接点は、「草薙《くさなぎの》剣《つるぎ》」であろう。

草薙剣は、天皇家の三種《さんしゅ》の神器《じんぎ》だが、尾張氏の祀《まつ》る熱田神宮《あつたじんぐう》(愛知県名古屋市熱田区)に奉斎されている。

宮中ではなく熱田神宮に保管されているのはなぜだろう。この神宝が数奇な運命をたどっていたからだろうか。

まずこの剣を最初に手に入れたのは、出雲神・素戔嗚尊《すさのおのみこと》であった。八岐大蛇《やまたのおろち》を退治したとき、尾っぽのなかに入っていたのである。

ちなみに、オロチの尾っぽを割ったところから「尾割り＝尾張」の名ができたとも言われているが、定かなところは分からない。

天照大神を祀る伊勢内宮

それはともかく、素戔嗚尊は草薙剣を天《あま》照大神《てらすおおみかみ》に献上し、天照大神から歴代天皇に伝わった、ということになる。

ところが、ヤマトタケルが東国平定に赴くとき、この神宝を携えていったのだった。そして尾張に立ち返り、伊吹山《いぶきやま》の荒ぶる神を退治しようとしたとき、草薙剣を置いていったのだ。草薙剣が今熱田神宮に留め置かれているのは、ヤマトタケルの忘れ形見、というところだろうか。

このような説話から考えれば、草薙剣が出雲から東国への入口・尾張に行き着いたのは偶然であったかのように思える。ところが、出雲と東国の結びつきは、草薙剣だけに限ったわけではない。

たとえばそれが、建御名方神《たけみなかたのかみ》である。

建御名方神がしばらく滞在したと伝わる地に建てられた善光寺

『古事記』には、『日本書紀』にはない出雲の国譲りの話がある。天《あま》つ神《かみ》の国譲りの強要に、建御名方神が最後まで抵抗したというのだ。建御名方神は天つ神に「力くらべ」をいどみ、敗れると逃げ去り、天つ神が追うと、「科野《しなの》の州羽《すわ》の海（長野県諏訪《すわ》市の諏訪湖）」に逃れたという。そして、命乞いをした。

「恐れ入りました。私を殺さないで下さい。この土地から外には絶対に出ません。わが父、大国主神《おおくにぬしのかみ》の命令には逆らいません。事《こと》代主神《しろぬしのかみ》の言いつけを守ります。この葦原《あしはらの》中国《なかつくに》は、天《あま》つ神《かみ》の御子《みこ》に献上しましょう」

これが『古事記』に描かれた出雲国譲りのクライマックスである。建御名方神は、現在諏訪市の御柱《おんばしら》祭で名高い諏訪大社の祭神となっている。

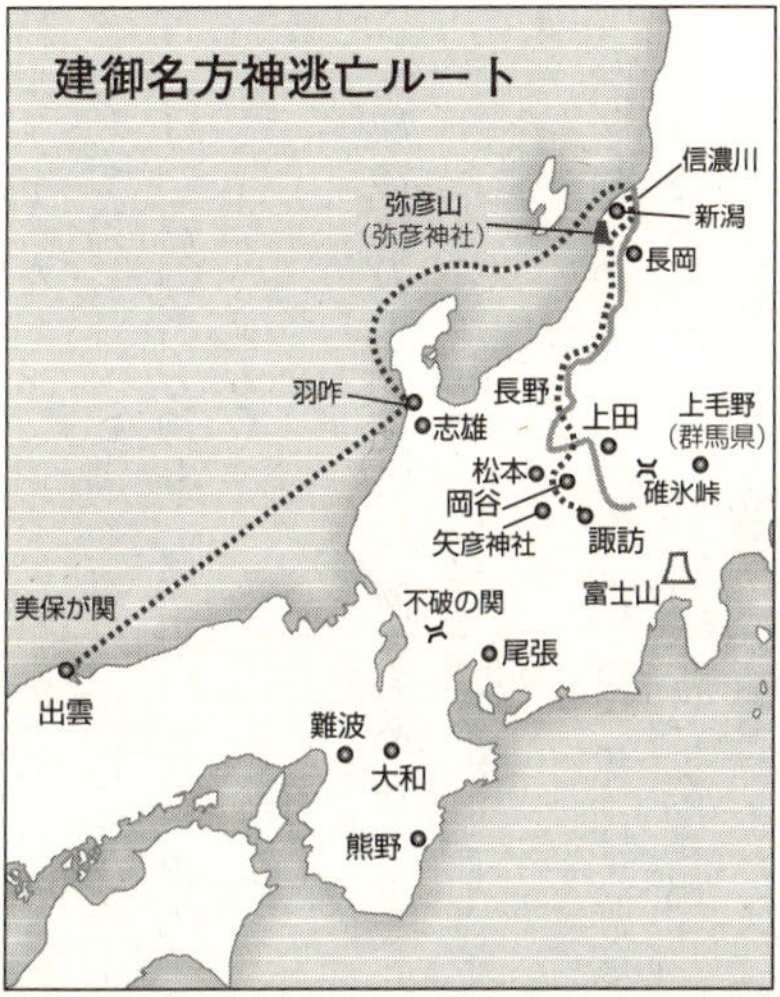

『古代日本正史』（同志社）の原田常治《はらだつねじ》氏は、日本海側に残る神社伝承から、建御名方神の出雲から諏訪に至る逃亡ルートを再現している。

すなわち出雲から能登半島、さらに日本海沿岸部を北上し、新潟県の新潟市付近から今度は信濃川《しなのがわ》に入り、反転して南下する、というものである。

建御名方神の出雲から諏訪への逃亡劇は、これまで、まったく絵空事として相手にされなかったし、原田氏の推理が注目を浴びたわけではない。だが、まったくの創作にしては、建御名方神の行動は、「現実」とよく重なってくるし、何かしらの事実を反映していたと考えると、興味深いつながりが見えてくる。

たとえば、太古の日本海を利用した交易ルートは、まさに「建御名方神の道」をほぼなぞっている（正確には、「建御名方神の道」が、交易ルートをなぞっているのだが）。

そして第二に、建御名方神の逃亡ルート上に、「尾張氏」が重なってくること、さらには、建御名方神も「尾張氏」も、東国を開拓した神として称えられている、ということなのである。

◈弥彦神社のイヤヒコとは何者なのか

もっとも分かりやすいのは、新潟県西蒲原《にしかんばら》郡弥彦《やひこ》村の弥彦（伊夜比古《いやひこ》）神社であろう。

弥彦神社の本来の信仰形態は、霊山・弥彦山（標高六百三十八メートル）に対するものであっただろう。日本海に突き出すように屹立《きつりつ》する弥彦・角田山塊《かくださんかい》に登れば、佐渡島が手に取るように見え、また反対側には、眼下にとうとうたる信濃川《しなのがわ》が流れ、越後《えちご》平野が一望のもとに見渡せられる。古代の交通の要衝《ようしょう》であるとともに、海の民、陸の民の信仰の対象になるべくしてなった山である。

この神社の主祭神は「イヤヒコ」で、この祭神の名は、『万葉集』に登場しているから、中央にも広く知られていたのだろう。

神社発行の縁起によれば、祭神について、次のような説明がある。

日本海の要・弥彦神社。背後の弥彦山に天香山命の廟がある

それによれば、祭神は天照大神《あまてらすおおみかみ》の曾孫の天香山命《あまのかごやまのみこと》で、神武《じんむ》天皇が国家統一を終え、ヤマトで即位されて四年後に、天香山命は越後地方の開拓経営の命を受け、日本海の荒波を舟で渡り野積浜《のづみはま》に上陸した、という。

天香山命から六代の子孫まで、越後地方の発展に寄与したといい、そのため、弥彦神社は、越後開発の神と仰がれるに至った、というのである。

ただし、このような神社伝承を、鵜《う》呑《の》みにすることはできない。というのも、「イヤヒコ」が万葉の時代から信仰を集めていたのは事実としても、だからといって、「イヤヒコ」と「天香山命」が同一であったと記された最古の例は、室町末期の『大日本国一宮記《だいにほんこくいちのみやき》』まで待たねばならなかったからである。そして、この文書の記述から、近世にいたって、イヤヒコ＝天香山命という図式が、大いに喧伝されたといわれている。

つまり、土着の信仰「イヤヒコ」に、中世になって、尾張氏の祖・天香山命が重なったこと、さらに近世にいたり、広く伝わってしまった可能性が出てくる。

それでは、弥彦神社のイヤヒコは、尾張氏とはまったく関係がないのだろうか。

どうやら、そうとも言い切れないようなのだ。なぜかと言えば、尾張氏が東国を代表する豪族であり、また強烈な海の民のイメージを持っていること、東海や丹後半島、さらには北陸に勢力圏をひろげていたからだ。

そんな彼らであるならば、日本海側の水上交通の一大拠点である弥彦を放置しておくはずがない。弥彦とは、海の民にとってそれほど重要な場所なのである。

とするならば、弥彦山の「イヤヒコ」が尾張氏の祖・天香山命であってなんの不思議もないし、むしろこれほど相応しい祭神もないのではないかと思えてならないのである。

尾張氏が「海の民」であったことは、尾張氏の本拠地、愛知県名古屋市一帯の「地理」からもはっきりしている。

愛知県名古屋市付近一帯が、古代から近世にかけての水上交通の要衝であったことに、近年注目が集まっている。

たとえば東海道が尾張地方を東西に突っ切っているが、尾張から西側に行く場合、徒歩ではなく、「船」で渡っていた。たしかにこれだけ「大河川」が南北に何本も走っている濃尾《のうび》平野では、徒歩や馬よりも、よほど「船」の方が便利だっただろう。

尾張氏が祀る東海地方を代表する熱田神宮《あつたじんぐう》もかつてはすぐそこに海岸線が迫っていた。すなわち、熱田神宮も、海の神の要素を持っていたことになる。

さらに、尾張系の氏族の特徴は、海部《あまべ》氏や大海《おおあま》氏というように、直截《ちょくせつ》的に「海」の名を冠していることで、これは尾張氏が水上交通に秀でていたからにほかなるまい。

このように、尾張氏はどこからどう見ても、「海の豪族」なのである。尾張氏は「海の豪族」で、尾張氏の祖神は「海の神」であるからこそ、「海を支配するための拠点」である「弥彦山」を、尾張氏はおさえにかかったのであろう。だからこそ、「イヤヒコは海の彼方からやってきて野積浜に上陸した」という伝承が生まれたのではあるまいか。

そして、尾張が草薙剣《くさなぎのつるぎ》を通じて出雲につながっていたように、出雲は濃厚な

「海」に対する信仰に満ちている。出雲神・建御名方神《たけみなかたのかみ》が古代の水運ルートをたどって逃亡したという話も、意味のないことではなかったのである。

◈海からやってきた開拓神

とにもかくにもキーワードは「海」である。そこでもう少し、「海の民の生態」にこだわっておきたい。

さて、「海の民」のテリトリーは、「海」に限定されていない。彼らはさかんに陸に上がり、野を開拓し、山を登った。

だから「海の神」はいたるところで「開拓神」として祀られている。

この「海からやってきた開拓神」という共通点をもっている名高い神社が、長野県に存在する。それが南安曇郡《みなみあずみ》穂高町《ほたか》穂高の穂高神社だ。

穂高神社の奥宮は日本アルプスの登山口の明神池《みょうじんいけ》の脇にあり、また、奥穂高岳山頂（三千百八十二メートル）にも祠《ほこら》が祀《まつ》られる。

祭神は安曇《あずみ》氏の祖神・穂高見命《ほたかみのみこと》で、安曇氏といえば、玄界灘を股にかけて活躍した海の民として名高い。中世の北部九州では、安曇磯良《あずみのいそら》（磯良丸《いそらまる》）なるものが、神功皇后《じんぐう》の新羅《しらぎ》征討を後押しした、という伝承が生まれもした。

安曇磯良の墓と伝わっている対馬・和多都美神社の「磯良恵比須」

　ちなみに、古代の北部九州に話を移せば、その繁栄の理由は、半島に近いという地の利と、もうひとつ、「博多湾」という天然の良港が、絶好の位置に存在したからであろう。その博多湾の防波堤の役割を果たしているのが、湾の東側から海に突き出た十キロ以上にも上る砂州《さす》で、その突端が「金印《きんいん》」で名高い「志賀島《しかのしま》」だ。

　古来安曇氏は、この福岡県福岡市の志賀島の近辺に本拠地を持っていたようで、この志賀島こそ、邪馬台国《やまたいこく》よりも早く中国から「金印」を獲得した「倭《わ》の奴国《なこく》」の所在地であった。つまり安曇氏こそが、北部九州を代表する一族であり、それ以上に、日本を代表する海の民であったことになる。だからこそ、日本列島各地（たとえば、島

金印の見つかったことで名高い志賀島

取県、岐阜県、愛知県、兵庫県、大阪府、長野県などの地域。数え上げればきりがない）に、行動範囲を広げるだけの力をもっていたのだろう。

志賀島の志賀海《しかうみ》神社の祭神は綿津見三神《わたつみさんじん》（底津綿津見神《そこつわたつみのかみ》、中津綿津見《なかつわたつみ》神、表津綿津見《うわつわたつみ》神）で、この祭神は、安曇（阿曇）氏が奉斎する神々（祖神）であった。『新撰姓氏録《しんせんしょうじろく》』によれば、少童《わたつみ》（綿津見神《わたつみのかみ》）の子が「穂高見命」で、その末裔が「安曇」だった、ということになる。

安曇氏の祖神が神功皇后伝承とつながっていったのは、「海」や「海神《わたつみ》」と密接につながりがあったことも大きな原因であろう。そしてそれ以上に、神功皇后が実在し、しかもトヨであったという私見からは、玄界灘を支配していたであろう「安曇」の加勢がなければ、神功皇后の北部九州制圧は不可能であったと考えている。

◈山の神を祀る海の民

それはともかく、安曇《あずみ》氏が日本を代表する海の民であったとしても、なぜ彼らが、北アルプスという「山中」に、迷い込む必要があったというのだろう。

理由はふたつあるように思われる。

まず第一に、海の民は「船」を必要とする。その「船」は、活躍の場である「海」にはなく、「山」にある。山中深く分け入り、「大木」を斬り倒して来なければならない。当然のことながら、「陸」の民、「山」の民を敵に回すことができない。

そこで交易を得意とする「海」の民は、内陸部では生産することができない「塩」をおみやげに、「船の素材」を山から入手していたと考えられる。また「大木」には神が宿っていると考えられただろうから、山岳地帯、森林地帯に社《やしろ》を造り、神々を祀《まつ》ることも必要だっただろう。

そして第二に、沿岸地帯を舐めるようにして進んだ古代航法では、「地形」を記憶し、「現在地」を景色によって把握する場合が多かった。そのなかでも「あの山とこの山が一直線上に並ぶとき……」とか、「進むにつれ、山の形が変わってきたら……」という風に、「山」は重要な羅針盤《らしんばん》の役割をになったわけである。

それだけではない、ひとたび遠洋に乗り出し、また、嵐にあってみずからの位置を見失ったとき、果てしなくつづく水平線上に、最初に姿を現すのは、高山の山頂であった。

だからこそ、海の民は「山の神」を丁重に祀ったわけであり、信州の北アルプスの山麓に、日本を代表する海の民・安曇氏が祖神を祀ることは、けっして謎ではないのである。

そして、もうひとつ「海の民」には、「各地を開拓する」という属性が備わっている。彼らは交易の民として各地を動き回り、だからこそ、いち早く情報を獲得し、最先端の技術を身につける者たちでもあった。そういうわけで、列島の各地に先進文化を運び、開拓を手助けする、という属性をもっていたわけである。

◈ヤマト建国と東国の考古学

すでに触れたように、ヤマト建国ののち尾張《おわり》氏の祖・天香山命《あまのかごやまのみこと》は、東国の開拓を神武《じんむ》天皇に命じられたという。このような伝承は、これまで見向きもされてこなかった。だが意外にも、最新の考古学は、ヤマト建国後の東国の状況が、伝承とよく似ていることを実証している。

弥生時代後期の東国では、西日本よりもやや遅れて緊張感が高まり、高地性集落が出現していたことが分かっている。さらにヤマト朝廷の誕生とほぼ同時に、ヤマト的な文化・風習が一気に広まっていたことも分かってきた。

原島礼二《はらしまれいじ》氏は『東国と大和王権』（金井塚良一編、吉川弘文館）のなかで、このころの東国の変化のポイントを、次の三点で説明している。

(1)前方後円墳《ぜんぽうこうえんふん》や前方後方墳《ぜんぽうこうほうふん》が出現した。

(2)土器の地域的特色の影がうすれ、近畿地方に起源をもつものへと斉一化《せいいつか》が進んだ。

(3)膨大な遺跡の発掘調査によって、三世紀に北陸・東海地方から多くの入植があり、これにつづくように、四世紀近畿の人びとの大量入植のあったことが判明していること。

(1)の古墳の普及については、のちにふたたび触れようと思う。ここで大事なのは、ヤマト建国後に近畿周辺から東国に向けて、大量の入植があり、しかも先住の人びとと対立していったのではなく、共存していったという事実であり、それまで手のつけられなかった土地に、先進の技術を注入し、東国を豊かにしていったということである。

すなわち、尾張氏や建御名方神《たけみなかたのかみ》の東国入りという伝説こそ、この時代の趨勢《すうせい》を反映していた疑いが出てくるのである。これら開拓民は、「川を遡る海の民」の力なくしては東国に入ることはできなかっただろうからである。

そこで弥彦《やひこ》神社に話を戻せば、弥彦を制することは、北陸から信州、東北にいたる水上交通を支配することに直結したのであり、さらに日本一の長さを誇る信濃川流域の流通を支配するためにも必要不可欠な場所だったのである。この地を日本有数の海の民が押さえにかかったことは、間違いのないことだ。そして弥彦神社の祭神「イヤヒコ」こそ、この地域一帯の制海権を握り、遠くヤマトにまで名の知れた氏族の祖神であった、ということになる。

その証拠に、能登半島には、「イヤヒコ」の妻の「イヤヒメ（伊夜比咩《いやひめ》）」を祀る伊夜比咩神社が存在する。これは、能登半島と新潟の間に「海の民の交流」があったことを物語っており、もちろん、能登の先には若狭、丹後、出雲、そして、北部九州やヤマトがつながっていたはずだ。

逆に言えば、そういう大きな力をもった古代東国の「海の民」は誰だったのかを探り当てれば、「イヤヒコ」の正体は明らかになるのである。

そして考古学は、ヤマト建国後の東国には、北陸と東海から大量の入植者があったと指摘している。その北陸と東海から勢力をひろげていた海の民こそが、尾張氏なのであり、とするならば、やはりイヤヒコと尾張氏の間に、強い因果があったとしか思えないのである。

◆建御名方神とつながる宗像神

出雲や建御名方神《たけみなかたのかみ》と尾張《おわり》氏の関係を探るために、ずいぶんと遠回りをしてしまった。そして、これだけ「海の民＝尾張氏」にこだわったのは、日本の歴史にとって、「海」は、とてつもなく大きな意味をもっているからだ。

そこでいよいよ継体《けいたい》天皇の正体に迫る準備ができたが、ただその前に、建御名方神という神の属性に「海」の要素はあるのかについて考えてみよう。建御名方神という「神話」こそが、応神《おうじん》天皇五世の孫としての継体天皇の秘密を解く鍵を握っているからである。

さて、建御名方神は地元では南方刀美神《みなかたとみのかみ》とも呼ばれているため、本来土着の神であろうとする考えもある。

だが、建御名方神、南方刀美の「ミナカタ」は「ムナカタ（宗像《むなかた》・胸形《むなかた》）」に通じる、という指摘の方が重要だ。もちろん北部九州を代表する海の女神である。

すでに他の拙著の中で何度も触れたように、宗像大社の伝承には、宗像の子が住吉《すみよし》で、住吉の子が宇佐《うさ》というものがある。この系譜から考えて、建御名方神＝「ミナカタ」が「ムナカタ」という発想をとれば、建御名方神に重大な秘密が隠されていることは、容易に察しがつく。そして「ムナカタ」が海の女神であるように、ここから「ミナカタ」も海と強くつながっていく。

『先代旧事本紀《せんだいくじほんぎ》』には、建御名方神の母は沼河姫《ぬなかわひめ》であったと記されている。この女神は『古事記』にも登場し、出雲神・大国主神《おおくにぬしのかみ》と結ばれたとある。

沼河姫の「ヌナ」は「ヒスイ」であり、ヒスイは「海神《わたつみ》の神宝」だ。すなわち沼河姫は「ヒスイの女神」であり「海の女神」でもある。

話は飛ぶが、諸手船神事《もろたぶねしんじ》で知られる美保《みほ》神社（島根県八束《やつか》郡美保関《みほのせき》町美保関）の祭神は事代主神《ことしろぬしのかみ》と三穂津姫《みほつひめ》である。

美保神社で事代主神が祀られるのは、神話の中で、事代主神がこの地で釣りをし、鳥の遊びをしていたこと、天つ神の国譲りの要求に、この海岸から海に消えたと記録されているからだろう。

いっぽう『風土記《ふどき》』には、出雲神と高志《こし》の国の奴奈宜波比売命《ぬながわひめのみこと》（沼河姫）の間の子が御穂須須美命《みほすすみのみこと》であったといい、その名が「ミホ」であるところから、御穂須須美命こそが、美保神社の本来の祭神ではないか、と疑われてもいる。

『先代旧事本紀』によれば、沼河姫の子が建御名方神なのだから、両者は同一の神であろう。海の神の名に稲の「穂」がつくのは、海の神が豊饒をもたらす神という通念があったからである。

このように、建御名方神が強い海の香りをもっているところから、「ミナカタ」が「ムナカタ」であった蓋然性は、高まったといっていい。それだけではなく、東国に逃れた建御名方神と東国に強い影響力を持った尾張氏が、「海」と「出雲」という共通点でつながってきたのである。この事態をいったいどう考えればいいのだろう。

◆出雲の国譲りは伊勢の地で行われていた?

継体《けいたい》天皇の謎の裏側には、東国の雄族・尾張《おわり》氏の影が見えること、その尾張氏の背後には、出雲があって、さらに建御名方神《たけみなかたのかみ》という神話が存在していた。だが、そのつながりがこれまでははっきりとしていなかったのである。

いっぽうで、「海」というキーワードから、建御名方神と尾張氏の間に、多くの接点を見出すことができたと思う。

だがそうなると、なぜ建御名方神という「出雲の亡霊」が東国に出現したのか、そしてじっさいに、「出雲の尾張氏」が、東国に強い地盤を築くことができたのか、このあたりの事情が記紀神話《ききしんわ》だけでは、はっきりと分からないのである。『古事記』にしたがえば、建御名方神は諏訪《すわ》の地に落ち延び、零落《れいらく》したのであり、地元で喧伝《けんでん》される開拓神という英雄像とは、まったく結びつかないのである。

そこで、この章の最後に触れておきたいのは、『伊勢《いせ》国風土記』逸文《いつぶん》に残された、「もうひとつの出雲の国譲り」なのである。

『伊勢国風土記』逸文には、次のような説話が残されている。

それによれば、神武《じんむ》天皇が東征してヤマトに向かったときの話だ。神武天皇は伊勢神宮の神官を代々勤め上げた度相《わたらい》氏の祖・天日別命《あめのひわけのみこと》に、空のかなたの国の平定を命じた。そこで天日別命は東の方角に向かうと、ある集落に伊勢津彦《いせつひこ》なる者がいた。

「あなたの国を天孫《あめみま》に献上しなさい」

と命じると、伊勢津彦は、

「私はこの地に住んで久しい。命令には従えません」

と拒絶した。そこで天日別命は、兵を起こして伊勢津彦を攻め滅ぼそうとした。するると伊勢津彦はかしこまり、

「私の国はすべて天孫に献上いたしましょう。私はこの地を出ていきます」

といい、嵐の晩、大波を起こし、光り輝いて波に乗って伊勢から東の方角に向かっていったという。そして、後の世の補注には、伊勢津彦を信濃国《しなの》（長野県）に住まわせたのだとある。

この話が「もうひとつの出雲の国譲り」だったと思われるのは、もうひとつ、伊勢津彦にまつわる『伊勢国風土記』逸文があって、そこには、伊勢津彦が出雲建子《いずもたけこの》命《みこと》ともいい、出雲の神の子だった、と記されているからである。

不可解なのは、出雲の地で天つ神に敗れた建御名方神、そして伊勢の地で敗れた伊勢津彦、どちらも信州に逃がれ、住みついた、という事実である。これは果たして偶然なのであろうか。

このように、『古事記』と『風土記』の話を総合すれば、出雲の国譲りによって、

敗者は太平洋と日本海側の二方向から東国の奥深くを目指していたことが分かる。

問題は、じっさいに古代の東国が、ヤマト朝廷から見て、半独立国のような不気味さをもっていたこと、しかも東国には、どういう理由からか、「敗れた出雲」の影がちらつくことなのである。

そして、なぜここまで「尾張」や「建御名方神」にこだわってきたかというと、継体天皇の出身地が「越《こし》(北陸)」であり、背後の東国の古代史が分からなければ、継体擁立の本当の背景を理解することはできないのではないか、という思いからである。

では、「出雲の国譲りののちの出雲の東国入り」という伝承は、継体天皇の出現とどうかかわりをもってくるのか、終章で答えを探ってみよう。

終章

継体天皇の正体

◈なぜヤマトの王が東からやってきたのか

これまであまり問題視されてこなかったが、継体《けいたい》天皇最大の謎は、なぜヤマトの大王が「東」からやってきたのか、ということなのである。これは前代未聞のことであり、古代の東国の特殊な地位を考えると、いっそう謎は深まる。

八世紀から九世紀初頭にかけて、朝廷は都周辺で謀反《むほん》など不測の事態が起きると、かならず三つの関を閉め、厳重な警備体制をとったものだ。これがいわゆる三《さん》関固守《げんこしゅ》というものである。

ちなみに三関とは、美濃《みの》国不破《ふわ》の関（岐阜県不破郡関ヶ原松尾）、伊勢《いせ》国鈴鹿《すずか》の関（三重県鈴鹿郡関町付近）、越前《えちぜん》国愛発《あらち》の関（福井県敦賀《つるが》市南部の旧愛発村と滋賀県高島郡マキノ町付近）の三つで、古代の東国の入口を、ことごとく固めたのである。

ここで重要なのは、朝廷は「東の入口」を固く閉ざしても、「西に対する警戒」は微塵《みじん》も見せなかった、ということである。

なぜ朝廷は、東国のみを恐れたのだろう。

東西日本には、消えることのない二つの文化圏がある。それがちょうど三関の辺

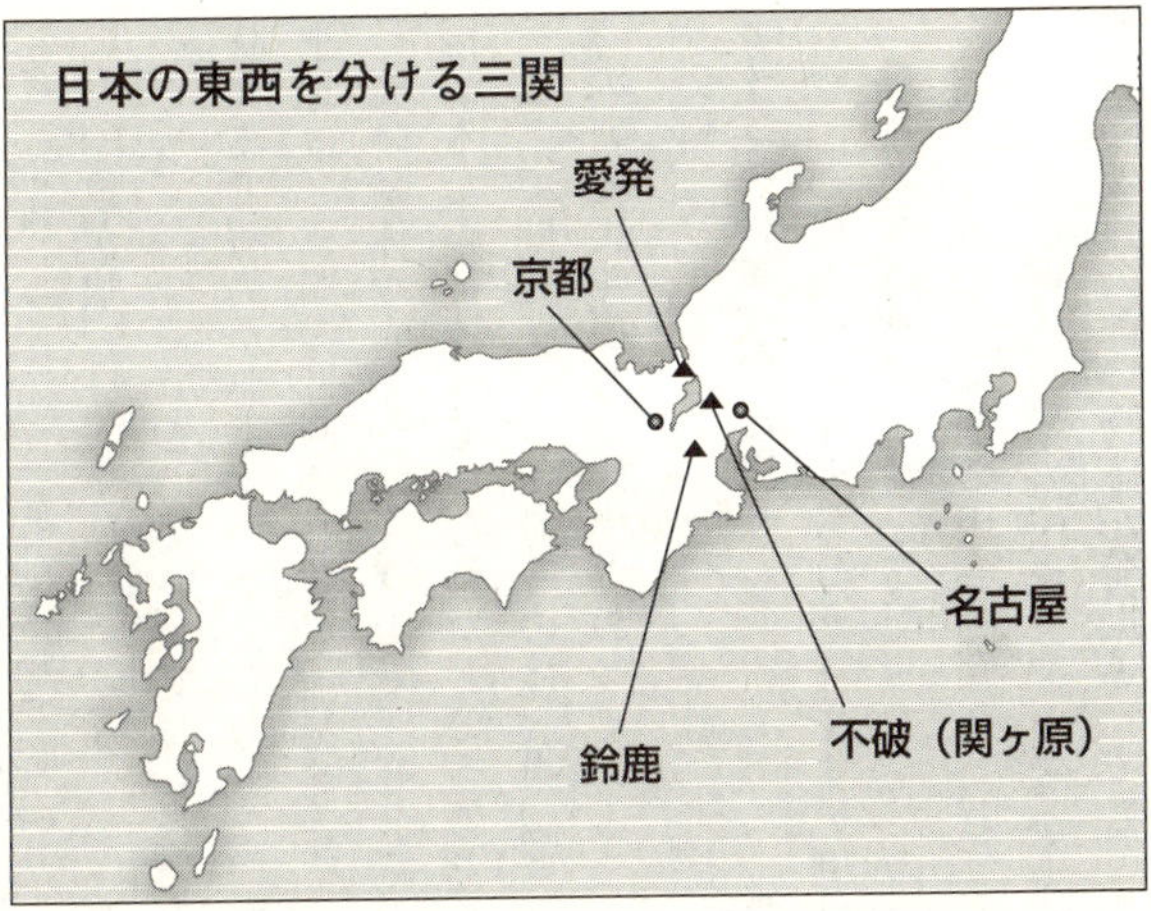

日本の東西を分ける三関

りを境界にした東西文化圏なのだ。このラインは、縄文《じょうもん》時代はおろか、旧石器時代には、すでに確立していたという指摘もあるほどで、もちろん、今日にも強い影響を及ぼしている。

それは植生の差が一番大きな原因であったろうし、また、「交易」という点を考えてみても、西日本には「瀬戸内海」という安全で便利な流通の大動脈があって、同一の文化圏を形作りやすかったことが挙げられよう。その西国からみて（とくに、古代の都となった奈良や京都から考えると）、「東」はけっして交通の便のいいところではない。

したがって、ヤマト朝廷が誕生した時点でも、ゆるやかな連合体の中心勢力は

「瀬戸内海」「山陰」「北部九州」であり、「東（東海や北陸から先）はこれから」という印象が強い。

そして、ついでまでにいっておくと、継体天皇の出身地「越」は、かなりのちの時代まで蝦夷《えみし》が盤踞《ばんきょ》する地でもあった。継体天皇が過ごしたという「三国《みくに》」という土地は、三関の外側であり、「警戒される側」にいたわけである。

その継体が、どういう理由で、五世紀末から六世紀初頭のヤマト朝廷の混乱を収拾するために連れてこられたというのだろう。

ここで問題となってくるのは、東国に半独立国のようなイメージがあったこと、その背後に「出雲」が横たわっていることである。

◈上毛野は東国の出雲

東国の出雲のもっとも分かりやすい例は、「上毛野《かみつけの》」であろう。

現在の群馬県の一帯を支配していたのは上毛野氏で、彼らは古代の関東を代表する氏族であり、東国の中心的存在として君臨していた。

その上毛野氏の始祖伝承に、出雲が大いに関わり、また群馬県の一帯から、「出雲」と関係の深い物証が発掘されてもいる。

三諸山（三輪山）を御神体とする大神大社

では、上毛野氏と出雲のつながりはどのようなものだったのだろう。しばらくその始祖伝承を追ってみよう。

崇神《すじん》天皇四十八年正月。崇神天皇は数多《あまた》いた御子《みこ》の中から甲乙つけがたい優秀な二人の皇子・豊城命《とよきのみこと》と活目尊《いくめのみこと》（のちの垂仁《すいにん》天皇）に命じ、どちらが皇太子に相応しいか、夢占いをさせた。

兄の豊城命は三諸山《みもろやま》（奈良県桜井市の三輪《みわ》山《やま》）に登り東に向かって槍を突きだし、八回刀を振り回した夢で、弟の活目尊は、三諸山に登って縄を四方に張って、粟《あわ》を食べる雀を追い払う夢であった。これを聞いて、崇神天皇は、弟を皇太子に、兄に東国の治政を委ねた、というのである。

この豊城命こそが、上毛野氏と下毛野《しもつけの》氏の

始祖にほかならない。

それにしても、日本列島の西と東を分断するかのような形で統治する者をそれぞれ選んだという話の中に、古代の「東国の王・上毛野氏」の地位の高さや特異な存在ぶりがうまく描かれている。

たとえば六世紀の東国で上毛野氏が武蔵国造《むさしのくにのみやつこ》の相続問題にちょっかいをだしたとき、朝廷はその首謀者を捕殺《ほさつ》したが、上毛野氏だけは不問に付したとある。

朝廷が上毛野氏に一目置いていた理由は何だったのだろう。

上毛野氏は「始祖王」崇神天皇から枝分かれした一族だったから、後世の源氏《げんじ》や平氏のような権威をもっていた可能性もある。だがそれよりも彼ら自身が、「出雲」とのつながりを強く意識していて、それが彼らの権威の根源だったのではないかと思える節がある。

たとえば、『日本書紀《にほんしょき》』仁徳《にんとく》天皇五十五年の条には、東国蝦夷《えみし》が反乱を起こしたので、上毛野君田道《かみつけのきみたぢ》が遣わされ戦死したという話がある。

このとき蝦夷が田道の墓を掘ってみると、目を怒らせた大蛇が現れ、大暴れしたという。

蛇は御諸山《みもろやま》（三輪山）の祭神（出雲神・大物主神《おおものぬしのかみ》）の化身であり、上毛野氏と出雲のつながりを暗示している。

さらに舒明《じょめい》天皇九年（六三七）には、次のような事件が起きていた。

蝦夷が朝貢《ちょうこう》をしてこなかったために成敗に向かった上毛野君形名《かたな》だったが、蝦夷の抵抗激しく、逃げ帰り、逆に賊に砦《とりで》を囲まれてしまった。形名の妻は、このまま笑い者になってなるものかと、夫に酒を飲まし、夫の剣を奪うと十本の弓を張って女人たちに弦を鳴らさせ、討って出たのである。蝦夷たちは大軍と勘違いし、逃げ出したという。

ここにある弓を鳴らす儀式が、御諸山の神を招き出す特有の風習であり、ここでも上毛野氏と出雲のつながりが見いだせる。

◈三世紀前半ヤマトと東国は対立していた？

なぜ東国が出雲なのか。

ひょっとして、日本海側と太平洋側の「二つの出雲の国譲り」は、史実だったのではないか……。では、「東国の出雲」が、継体《けいたい》天皇擁立に何かしらの影響を及ぼしていたのであろうか。

この謎を解き明かすためにも、ふたたび話はヤマト建国当時の「東と西」にもどる。

ヤマト朝廷誕生の前後、尾張氏の本拠となっていく東海や東国では、奇妙な動きがあった。というのも、ヤマトに前方後円墳《ぜんぽうこうえんふん》の原初的な形が誕生した頃（三世紀前半）から、東海地方では、前方後方墳《ぜんぽうこうほうふん》（前方後円墳ではない。前方が「方」で、後方も「方」ということ）という特異な形の墳墓《ふんぼ》を完成させていたからである。

このことから、当時のヤマトと東国は、緊張関係にあったのではないか、とする説がある。

なぜヤマトは前方後円墳で、東国は前方後方墳なのだろう。

前方後方墳の生まれた三世紀前半といえば、ちょうど卑弥呼《ひみこ》が生きていた時代にあたり、卑弥呼は「邪馬台国《やまたいこく》の南方の狗奴国《くなこく》」と仲が悪かったと『魏志《ぎし》』倭人伝《わじんでん》に記されているところから、邪馬台国ヤマト論者は、前方後方墳というヤマトとは異なる埋葬文化を築き上げた東海地方こそ、『魏志』倭人伝にいうところの「狗奴国」にほかならない、と唱えだした。その理由は以下のとおりだ。

邪馬台国の南と書いてある狗奴国が、なぜヤマトの東方の東海地方に当てはまるのかといえば、「北部九州の南方に邪馬台国はある」、と『魏志』倭人伝がいうその「南方」とは、じっさいには「東方」の誤りで、だからこそ、「邪馬台国は北部九州

水戸黄門が考古学調査をした栃木県の下侍塚古墳（前方後方墳）

からみて南方」とあるのは、「北部九州の東方のヤマト」にほかならなくなるというのだ。

とするならば、「邪馬台国の南方の狗奴国」は、「ヤマトの東方の東海地方」と言い直さねばならない、という論理である。

このような『魏志』倭人伝の「南」を「本当は東だった」と訂正して読み直す方法には、大きな問題がある。朝鮮半島から北部九州までは、正確に「南」に降りてきているのに、なぜ北部九州から、急に「南」が「東」に化けなくてはならないのか、これは、邪馬台国を無理矢理ヤマトに持ってこようとする詭弁《きべん》以外の何物でもない。

『魏志』倭人伝に従えば、三世紀半ばの邪馬台国と狗奴国は、相当激しい戦闘をくり広げていたようだが、ヤマトと東海地方が、埋葬文化の差を見せながらも、戦火を交えていた痕跡はなく、むしろ、お互いの異質の文化を尊重し合いながら、共存していた可能性の方が、高いのである。

たしかに三世紀の初頭、纒向《まきむく》遺跡が出現した当初、東海地方と近畿地方は、異なる文化圏、勢力圏にあった可能性は高い。土器や銅鐸などの様式が隔絶していたこと、東海地方の土器を赤く塗るという文化が、長野県や群馬県という「東山道」に向けて広がっていたことも、興味深い。

またこの時期、北陸や東海、さらに東の地域に、高地性集落が出現している事実も無視できない。「纒向誕生」の衝撃が、東国に緊張をもたらしたと考えられる。

この点、前方後方墳という埋葬文化は、「纒向」への対抗心から造られた、といえなくはない。ただし、「規格」という点で、纒向の前方後円墳を真似た前方後方墳が見つかっているように、両者の決定的対立は避けられたようだ。

◈ヤマト建国後没落した「出雲」

三世紀なかばになって、纒向《まきむく》と東海の関係は、転機を迎えている。

纒向遺跡の搬入土器の四九％が、東海地方のものであったという考古学の指摘からも分かるように、このころから、東海地方の中心的存在（邪馬台国《やまたいこく》畿内論者のいう狗奴国《くなこく》。私見は東海勢力を「狗奴国」とみなしていないが、便利なことと混乱を防ぐために、以後、この時期の東海の勢力を便宜上「狗奴国」と括っておこう）が、積極的に纏向に参画していったわけである。

ところがこののち、四世紀前半は「狗奴国」衰退の時代となる。前方後方墳《ぜんぽうこうほうふん》という独自の埋葬文化を築き上げ、意気軒昂《いきけんこう》であったろう時代が夢のように過ぎ去り、八十メートル程度の前方後円墳を造る力しか、余っていなかった。

そして、ここからが興味深い点なのだが、このような「狗奴国」と「纏向」の関わりとよく似た動きが、「狗奴国」とはまったく関係ないはずの地域で起きていたことである。何を隠そう、それが山陰地方の「出雲」である。

「纏向」を築き上げた主体が「吉備《きび》」と「出雲」であった可能性は高くなるばかりだが、「出雲」の「纏向」への関わり方には、少しタイムラグがある。

まず三世紀初頭に纏向建設に動き出したのは「吉備」で、三世紀のなかばあたりから、「出雲」が強い影響力を持ち始めた。その成果が、「布留式土器《ふるしきどき》」となったわけだが、こののち、不思議なことが起きる。というのも、ヤマト建国の最大級の功労者であったはずの「出雲（山陰地方）」が、衰退していくのである。

なぜこのようなことが言えるかというと、弥生時代後期に勃興した山陰地方の遺跡（たとえば、妻木晩田《むきばんだ》遺跡や青谷上寺地《あおやかみじち》遺跡、さらには、出雲を中心に北陸地方に波及した四隅突出型墳丘墓《よすみとっしゅつがたふんきゅうぼ》など）のことごとくが、ヤマト建国の時代ののち、いずれも衰退していったからである。そして、出雲では、ここから「前方後方墳」という三世紀前半、東海地方で「纒向＝ヤマト」に対抗するように造られた埋葬文化を、継承していくのである。五世紀初頭ごろ、すでに前方後方墳は「流行遅れ」になっていったが、前方後方墳を他の地域にみられない密度で守り続けたのは、栃木県の一部と出雲だけとなり、古墳時代が終わるまで、出雲の地には前方後方墳や方墳《ほうふん》が造られていったのである。

ヤマト建国後の「狗奴国」と「出雲」の衰弱。どちらの地域も、三世紀の後半に、積極的に「纒向」に参画し、「ヤマト」は完成した。それにもかかわらず、その直後から、「狗奴国」も「出雲」も、一気に奈落の底に突き落とされてしまったわけである。

この時いったい、何が起きていたのだろう。

ヤマト建国とその後の出雲の凋落の原因について、すでに前著『出雲神話の真実』（ＰＨＰ研究所）のなかで、仮説を提出しておいた。その内容は、以下の通りだ。

三世紀前半、ヤマトの纒向には、吉備を中心に各地の土器が集まりだし、新たな潮流が生まれていた。前方後円墳の原形が造られ、政治と宗教の都市「纒向」が完成したのである。

とはいっても、邪馬台国畿内論者がいうように、纒向が邪馬台国であったわけではないだろう。邪馬台国は北部九州と考えた方が、すっきりする。すなわち、二世紀後半、かつての繁栄をふたたび取り戻そうと躍起になった北部九州勢力が、中国大陸に生まれたばかりの魏《ぎ》にいち早く朝貢《ちょうこう》し、「親魏倭王《しんぎわおう》」の称号を獲得し、「倭を代表するのは邪馬台国の卑弥呼《ひみこ》」というお墨付きを獲得してしまったと考えられる。

この時出雲は、北部九州、纒向、双方に外交チャンネルを持っていたから、「纒向」という新たな潮流を、積極的に北部九州に広めようと動き出した。これに対し、北部九州沿岸部の首長層はなびいたが、内陸部の者たちは、卑弥呼を旗印に、抵抗を見せたのだった。

これに対し「纒向」は、神功《じんぐう》皇后を北部九州に派遣し、卑弥呼殺しの作戦に出た。ちなみに神功皇后は、『魏志《ぎし》』倭人伝《わじんでん》にいうところの卑弥呼の宗女《そうじょ》・台与《とよ》（トヨ）と同一人物である。

すなわち神功皇后はヒミコを殺し王権を奪ったわけである。また、このあと触れるように、神功皇后は「纒向」というよりも「出雲」と縁の深い人物だった。

北部九州を制圧した神功皇后であったが、このあと悲劇的な事件が待ち受けていた。神功皇后らの活躍をおもしろく思わない「纒向」が裏切り、兵を差し向けたのである。

この結果、神功皇后（トヨ）らは敗走し、南部九州に逃れた。これが「出雲の国譲り」と「天孫降臨《てんそんこうりん》」という「二大神話」の真相であった。

しかし、これで「ヤマト」が完成したわけではない。最後にどんでん返しが待っていたのだ。

すなわち、こののち頻発《ひんぱつ》した天変地異《てんぺんちい》によって人口の半分が亡くなるほどの惨事に見舞われたヤマト朝廷は、これを「神功皇后の祟り」とみなした。そして神功皇后の御子《みこ》を南部九州の日向《ひむか》で捜し出し、ヤマトに連れだし、擁立したわけである。これが神武《じんむ》東征の裏事情であり、神武天皇とは、ようするに神功皇后の息子・応神《おうじん》天皇その人、ということになる。

◈二転三転したヤマト建国

それでは、この仮説に、「狗奴国《くなこく》」という要素を組みこむと、いかなることになるのだろうか。

これは前著の中では述べなかったことだが、神功《じんぐう》皇后がヤマトと敵対したとき、神功皇后は北部九州で孤立していたわけではなかったのではないか、という思いが募っている。

というのも、ヤマト建国後に、「出雲」と「狗奴国」が没落したのは、彼らが北部九州の神功皇后（トヨ）と強くつながっていたからではないかと思えてならないからだ。これらの勢力の連携を恐れたヤマトが、北部九州のトヨを消し去ったというのが、ことの真相ではなかったか。

これもすでに『出雲神話の真実』の中でくわしく述べたように、弥生時代後期（纒向《まきむく》誕生の直前）の近畿地方は意外にも困窮していたのだ。それは、北部九州が関門海峡《かんもんかいきょう》を封鎖して西日本最大の流通ルート＝瀬戸内海を「死に体」にしてしまったからにほかならない。この窮地から脱却するために各地が団結したのが、「纒向」の端緒だったろう。

したがって、「纒向」が本能的に恐れるのは、関門海峡の封鎖であり、北部九州と山陰地方が手を組めば、いとも簡単に、関門海峡を閉めることはできたはずだ。そうなれば、「纒向」は、再起不能のダメージを受ける恐れがあった。だからこそ、「纒向」はトヨを邪魔にし、一気に軍事力に物をいわせて叩きのめしたはずである。

もちろん、「纒向」が恐怖したのは、それだけの根拠があったからだろう。『日本書紀』の中で神功皇后は、はじめ「越《こし》（北陸）」にいて、ここから四隅突出《よすみとっしゅつ》型墳丘墓《がたふんきゅうぼ》の勢力圏を通って北部九州に向かったと記され、また、神功皇后は、ありとあらゆる場面で「ヒスイ（ヌナ）」とかかわりをもっていた。これは、神功皇后と「越」や「出雲」との強いつながりを暗示している。

すなわち、神功皇后は、そもそもその出自からして、四隅突出型墳丘墓の盛行した地域と深くかかわっていた疑いがある。だからこそ、「出雲」や「越」、さらにその先の「狗奴国」と、つながっていったにちがいない。

そして、繰り返すが、建御名方神《たけみなかたのかみ》と伊勢津彦《いせつひこ》、二つの出雲の国譲りの舞台が、出雲と伊勢であったことは、「出雲」と「狗奴国」のヤマト建国後の謎の没落と、うまく符合してくるのである。

◈継体天皇の正体を明かす最後の証人

このような二転三転した壮大なヤマト建国ドラマも、継体《けいたい》天皇擁立の伏線《ふくせん》にすぎない。

すなわち、「応神天皇五世の孫《おうじん》」と『日本書紀』の示した系譜の重さが、ことここにいたり、ようやくはっきりしてきたとはいえないだろうか。

そこで、継体天皇とは何者なのか、その正体をはっきりさせるための最後の証人にご登場願おう。悲劇の女神、越の沼河姫《ぬなかわひめ》である。

沼河姫は出雲神と結ばれた女神であった。また、『先代旧事本紀《せんだいくじほんぎ》』によれば、子どもがいて、それが建御名方神《たけみなかたのかみ》であった。

ちなみに、「ヌナカワ」をめぐっては、次のような万葉歌（巻十三　二四七）が残されている。

渟名川《ぬなかわ》の　底《そこ》なる玉《たま》　求《もと》めて　得《え》し玉《たま》かも　拾《ひり》ひて　得し玉かも　惜《あたら》しき　君《きみ》が
老《お》ゆらく惜《お》しも

「ヌナカワ」の川底から求めていたヒスイの玉を拾ってきたのに、あなたが老いてしまったことが惜しまれてならない、という歌だ。どうにも不可解なのは、この歌が浦島太郎《うらしまたろう》伝説を踏襲していることなのだが、これには理由がある。他の拙著の中で触れたように、越から現れた沼河姫は、越から北部九州に向かった神功皇后《じんぐう》と同一人物と考えられる。

『万葉集《まんようしゅう》』によれば、浦島太郎は「墨江《すみのえ》」の人で、「墨江の老翁《おきな》（老人）」が浦島であり、「墨江」は「住吉《すみよし》」だから、浦島は「住吉の老翁＝塩土老翁《しおつつのおじ》＝住吉大神」なのである。住吉大神が神功皇后と通じていたことは、あらためて述べるまでもない。神功皇后が「海の女神」といたるところで接点を持ち、たびたび海神に助けられるのは、この女人の別名が「沼河姫＝ヒスイの女神」と考えることで、理由がはっきりする。

ところで、北陸地方には、沼河姫をめぐる次のような口碑伝承が残されている。すなわち、糸魚川《いといがわ》町の南方に稚ヶ池《ちごがいけ》があった。その昔、沼河姫がここに住まわれていたが、出雲の大国主神《おおくにぬしのかみ》とともに能登に向かわれた。ところが、どうした理由からかふたたび海を渡ってひとりでもどられ、いたく悲しみ嘆かれたのち、この地のほとりの葦原《あしはら》に御身《おんみ》を隠されたまま、二度と姿を見せなかったという。

沼河姫は悲劇的な女人としてこの地で言い伝えられている。これは神功皇后の悲劇でもある。沼河姫が嘆き悲しんだのは、この女人がヤマトのために働きながら、ヤマトに裏切られ捨てられたからであろう。

◈建御名方神と応神天皇が同一であったという神社伝承

ところで、ここで冷静に考えれば、私見どおり沼河姫《ぬなかわひめ》と神功皇后《じんぐう》が同一ならば、その御子《みこ》・建御名方神《たけみなかたのかみ》は、応神《おうじん》天皇と同一、ということになってしまう。ならば建御名方神は、初代の大王として、ヤマトに君臨していなければ辻褄が合わない。

これはまったくの余談だが、諏訪大社の伝承『諏訪大明神画詞《すわだいみょうじんえことば》』には、次のような興味深い言い伝えが残されている。

すなわち、諏訪大社に諏訪大明神（建御名方神）が化現《けげん》（神仏が姿を変えてこの世に人間として現れること）したのは、神功皇后元年のことであったという（当社明神ノ化現ハ仁皇十五代神功皇后元年ナリ）。これはおおよそ、応神天皇生誕のころだ。

それだけではない。まだ話の続きがある。

筑紫《ちくし》の博多《はかた》で誕生した応神天皇の別名は八幡大井《はちまんおおい》といい、八幡大井と諏訪、それに住吉《すみよし》は同体だった、近しい間柄だったというのである（八幡大井、諏訪、住吉同体ノ由来アリト申）。

あらためて述べるまでもなく、このような荒唐無稽《こうとうむけい》な伝承は、これまでまったく無視されてきたものだ。しかし、火のないところに煙は立たないの諺《ことわざ》どおり、これらはまったく根拠のない絵空事でもなさそうだ。

じつは、『日本書紀』は神功皇后の子をひとりと記録しているが、『古事記》こじき》』はそうではない、といっている。品夜和気命《ほむやわけのみこと》と大鞆和気命《おおともわけのみこと》の兄弟がそれで、後者の別名が品陀和気命《ほむだわけのみこと》だったという。そして、大鞆和気命の名の由来は、生まれたときに鞆(弓矢をいるときに左手につける革の巴形の道具)の形の肉がついていたからだ、とする。

問題は、腕に肉が付いていたという大鞆和気命(品陀和気命)がヤマトの大王となったにしても、兄の品夜和気命のその後の消息が、まったくつかめないことである。ひょっとして、品夜和気命は、建御名方神と名を変えて、諏訪に落ち延びたのではなかったか。

すなわち、ヤマトの軍勢に追われ南部九州に落ち延びた神功皇后(トヨ)らは、大切な二人の御子を別々に分け、いざというときの延命策をとったのではなかったか。

その後、神功皇后が亡くなられると、天変地異が相次ぎ、ヤマトはあわてて日向《ひむか》の地に「忘れ去られた御子」を探し求めたに違いない。

　こうして大鞆和気命はヤマトに向かい即位した……。これが初代王・応神天皇（神武《じんむ》天皇でもある）の誕生の瞬間であろう。そして同時に、東国に逃れ逼塞《ひっそく》していたであろう品夜和気命が探し求められ、東国の開拓と統治を委ねられたのではなかったか。

　この一連の流れは、もうひとりの初代王・崇神《すじん》天皇の御代《みよ》の活躍をほぼなぞっている。

御柱祭で知られる諏訪大社

　崇神天皇は天変地異に悩まされ、百姓が浮浪することをどうすることもできなかった。不穏な空気が流れる中、崇神天皇は占いをしてみると、大物《おおもの》主神《ぬしのかみ》の祟り（『日本書紀』はひた隠すが、ようするにトヨの祟りである）に違いないということになった。そこで大物主神の忘れ去られた御子（これもトヨの御子である）を探し出して大物主神を祀らせたところ、平穏が訪れたという（しつこいようだが、この御子が神武であり応神であった）。

その後崇神天皇は四道将軍《しどうしょうぐん》を各地に派遣したのち、甲乙つけがたい二人の御子に夢占いをさせ、皇太子を選び、またもうひとりに、東国の統治を委ねたのである。

だがじっさいには、これらの話は、神功皇后の二人の御子を想定してみて、はじめて本来の史実がはっきりしてきたわけである。

◆尾張氏は忘れられたもうひとりの御子だった？

それでは、東国の統治を委ねられた人物、品夜《ほむや》和気命《わけのみこと》の正体を割り出すことはできるのだろうか。

ここで思い浮かべるのは、東国に強い影響力をもっていながら、正体がはっきりしない尾張《おわり》氏のことである。『日本書紀』はこの一族を天孫降臨《てんそんこうりん》の直後に生まれた皇《こう》祖神《そしん》の親族だといい、かたや『先代旧事本紀《せんだいくじほんぎ》』は、物部《もののべ》氏の祖・饒速日尊《にぎはやひのみこと》から出た一族であったという。なぜこのような二つの流れが生まれたのか。

すでに触れたように、通説は尾張氏を尾張の土着の豪族であるという。ということは、地方豪族だった尾張氏が、何かしらの手管を使って、自家の系譜を皇室の流

天孫降臨伝承のある霧島山系（宮崎県と鹿児島県の両県にまたがる）

れにうまく組みこんでしまった、ということになるのだろうか。

しかし尾張氏は『日本書紀』がその正体を抹殺しようと試みた一族である。もし系譜が捏造《ねつぞう》されたものと分かっていたのなら、なぜ『日本書紀』はこの記述を黒く塗りつぶさなかったのだろう。

答えは簡単なところにあるのではないか。すなわち、尾張氏が皇祖神の末裔であることも、尾張氏が出雲の饒速日尊の末裔であることも、どちらも正しかった、ということである。

なぜこのようなことが言えるのか、『日本書紀』の尾張氏の祖神をめぐる話を追ってみよう。

高天原《たかまのはら》から日向《ひむか》の襲《そ》の高千穂峯《たかちほのたけ》に降り立っ

た天照大神《あまてらすおおみかみ》の孫・天津彦彦火瓊瓊杵尊《あまつひこひこほのににぎのみこと》は、丘づたいに歩き、吾田《あた》の長屋《ながや》の笠沙《かささの》碕《みさき》（薩摩《さつま》半島の野間岬）に至った。この国には、鹿葦津姫《かあしつひめ》（またの名を木花之開耶《このはなのさくや》姫《ひめ》）という美人がいた。天神《あまつかみ》が大山祇神《おおやまつみのかみ》を娶って生ませた子だという。

こうして二人は結ばれたが、一晩で鹿葦津姫が孕んだので、天津彦彦火瓊瓊杵尊は、「自分の子ではないのではないか」と疑った。

この言葉に怒った鹿葦津姫は、無戸室《うつむろ》（周囲を土で塗り固め、入口をなくした家）を造り、そのなかにこもって、誓約《うけい》をした。

「私が身籠《みご》もった子が、もし天孫（天津彦彦火瓊瓊杵尊）の子でなければ、かならず焼け死ぬでしょう。もし、天孫の子であるならば、火にも打ち勝つでしょう」

そういって火を放って無戸室を焼いてしまった。ここから生まれ出たのが、隼人《はやと》の祖・火闌降命《ほのすそりのみこと》、次が皇祖神・彦火火出見尊《ひこほほでみのみこと》、その次が火明命《ほのあかりのみこと》であったという。そして、最後に生まれ落ちた火明命こそが、尾張氏の祖神だったというのである。

ここで余談までに付け加えておくと、この話の中に登場する皇祖神・彦火火出見尊は、一説に、神武《じんむ》天皇その人ではないか、といわれている。というのも、『日本書紀』は彦火火出見尊の子が彦波瀲武鸕鷀草葺不合尊《ひこなぎさたけうがやふきあえずのみこと》で、その子が神武であったといい、しかも、神武天皇即位前紀には、神武の諱《いみな》は「彦火火出見」だったと記録されているからだ。

さて、ヤマト朝廷初代王の神武天皇は、「神功《じんぐう》皇后の子」ではないか、というのが、私見の骨子である。その神武と同一人物とみなされた彦火火出見尊の兄弟に、尾張氏の祖神・火明命がいたというのである。

尾張氏の祖が神武天皇と兄弟だったかもしれないという『日本書紀』の記述は、じつに重大な意味をもってくる。

『先代旧事本紀』が、尾張氏の祖を皇祖神ではなく物部系と記しているのは、物部が「出雲」であり、神功皇后も「出雲」だからである。ようするに、『日本書紀』と『先代旧事本紀』の記述は相反するようでいて、じっさいには、尾張氏の素性を知るための大きなヒントを残していたわけである。

尾張氏こそ、神功皇后の「もうひとりの忘れ去られた御子」だったのではなかったか。しかも、南部九州ではなく、密に東国に逃れた御子である。

◈豊饒の女神から生まれた尾張氏

ところで、神武《じんむ》と同一と目される彦火火出見尊《ひこほほでみのみこと》や火明命《ほのあかりのみこと》は、尋常ならざるかたちで生誕している。入口を塞いだ小屋に立てこもった母が火を放ち、その炎の中から生まれたという。「自分の子ではないのではないか」という、未練がましく難癖をつけた男を恨み、情念と怨念に満ちた炎の中から生まれたのである。

じつを言うと、このような「虐《しいた》げられた女人」が子を産む、という説話は、豊饒《ほうじょう》の女神《めがみ》の典型的な表現方法なのであり、縄文時代以来つづく、太古の民俗でもある。

縄文時代の土偶《どぐう》は「女」を象《かたど》ったものがほとんどで、しかも、わざと破壊されている。これは、多産をもたらす地母神《ちぼしん》（生贄《いけにえ》）殺しという信仰形態の名残であり、神話の中にも、似たような話が残されている。

豊饒の神・保食神《うけもちのかみ》が殺され、その死体から人びとの暮らしに必要な食糧が生まれていた、という神話（『日本書紀』）や、須佐之男《すさのお》が大気津比売神《おおげつひめのかみ》を殺してしまうと、やはりその体から、食糧が出てきた、という話（『古事記』）である。

天津彦彦火瓊瓊杵尊《あまつひこひこほのににぎのみこと》の子が炎の中から生まれたから、名に「火」を二つつけて彦火火出見尊となったのだが、この「火＝ホ」は、いっぽうで稲穂《いなほ》の「穂＝ホ」を意味しているという説が根強い。すなわち、豊饒の女神が非業の死をとげ、その中から生まれた「穀霊《こくれい》」が、彦火火出見尊でもあったわけだ。

神功《じんぐう》皇后と同一と目される「豊受大神《とようけのおおかみ》」も、豊饒の女神であり、神功皇后が「トヨ＝豊」と多くの接点を持っていたのは、神功皇后も、ヤマト朝廷の安定のために、生贄にされた女神だったからである。

そして、彦火火出見尊とともに生まれた火明命《ほのあかりのみこと》が尾張氏の祖神で、しかも、「豊饒の女神」から生まれていたところがミソである。

豊饒の女神は祟《たた》る神であり、だからこそ、豊饒をもたらすという逆説が成り立つ。

ヤマトの王に相応しいのは、時に祟り、時に豊饒をもたらす人物にほかならず、その王は、豊饒の女神の「御子」でなくてはならなかったろう。

だからこそ、彦火火出見尊（神武）はヤマトに招かれ王となり、かたや尾張氏の祖神、火明命は、東国の雄となったのだろう。また、尾張氏の祖の名が天香山命《あまのかごやまのみこと》で、その名と同じヤマトの「天香具山」に豊受大神の羽衣伝承が残されたのも、尾張の出生の秘密が分かれば、もはや謎ではなくなるのである。

◈継体天皇の正体

ずいぶんと遠回りをしてしまったようである。

東国の雄族尾張《おわり》氏の出自を、ヤマト建国の謎にまで遡ってみた。すると、「甲乙《こうおつ》つけがたい御子《みこ》」のひとりがヤマトの王に、もうひとりの御子が東国の統治を委ねられたのだった。もちろん、その御子とは「神功皇后《じんぐう》（トヨ）の御子」であり、「祟る＝豊饒の神の御子」である。

そしていったんは東国に逃れ、逼塞《ひっそく》していたであろう尾張氏の祖神は、ヤマトに神武《じんむ》政権が誕生したことで、東国開拓に邁進していったに違いないのだ。さらにそれから二百年近い年月がたち、尾張氏の同族は、東国各地に分散していったに違いない。

ちょうどこの時、五世紀末から六世紀末ごろヤマトでは、独裁権力を獲得しようとした王家の暴走によって、ヤマト朝廷は混乱状態に陥っていた。そして、合議制を遵守《じゅんしゅ》しようとする豪族層たちは、王家そのものを入れ替えようと目論んだに違いない。

もっとも、「ヤマトの王」になるために必要なのは、「トヨの御子」でなければならなかったはずだ。「トヨ」は祟る神であり、この神の怒りを鎮められるのは、「トヨの御子」であり、その「トヨの御子」の祭祀によって、ヤマトに平穏と豊饒がもたらされるのである。

そこで思いついたのが、「東国に逃れたトヨの御子」を担ぎ上げることではなかったか。その「御子」とは、天孫降臨ののちに彦火火出見尊《ひこほほでみのみこと》と共に生まれた火明命《ほのあかりのみこと》の末裔であった。そしてそれが継体《けいたい》天皇その人である。

継体天皇は畿内にやってくる以前に、尾張氏の女人を娶っていたが、その尾張氏とは、祖を同じくする同族であったろう。そして、ここからが味噌なのだが、継体天皇の出現ののち、飛鳥《あすか》周辺で急速に頭角を現した蘇我《そが》氏も、この尾張氏を含めた継体天皇の親族の中の一豪族であり、しかもこの一族の序列は、王家となった継体天皇の家系、蘇我氏、尾張氏というもので、蘇我氏は王家に付き従い、ヤマトに向かったのではなかったか。

なぜこのようなことを言い出したかというと、すでに触れたように、蘇我氏と尾張氏は、まったく系譜上のつながりがないはずなのに、いたるところで接点を持っていたからであり、また、蘇我氏が、「我蘇れり」と名の中で高らかに宣言しているのは、出雲の国譲りに敗れいったんは東国に落ちのび零落した時代を強烈に脳裡に焼き付けていたからであり、だからこそ、継体天皇とともに、ヤマトに「帰ってきた」ことを、高らかに宣言したのではなかったか。

そして、『日本書紀』が継体天皇誕生の意味を、隠匿せざるを得なかった理由もここにある。

継体王朝が新王朝なのか、そうでないのか、はっきりしなかったのも、『日本書紀』が「蘇我氏の正体と活躍だけは後世に残すことができない」という執念をもっていたからにほかなるまい。だが、『日本書紀』が蘇我氏とともに抹殺してかかった尾張氏の素性を追ってみて、継体天皇の謎はようやく新たな仮説を得るにいたったのである。

継体天皇の正体とは、ようするに、ヤマト朝廷誕生時の骨肉の争いの末の副産物であり、裏切られて恨みをもって眠っていった「トヨ」の執念が生み出した王権だったとはいえないだろうか。

おわりに

ようやくわれわれは、古代史を彩る一つの重大な事実に気づきつつある。

それは、「蘇我」をいかに抹殺するか、それこそが八世紀の『日本書紀』編纂の最大の動機であり、しかも、そのために、じつに多くの史実が闇に葬られてしまった、ということである。

『日本書紀』はまず、蘇我氏の素性を抹殺するために、蘇我氏と武内宿禰の関係を断ち切った。その上で、武内宿禰を邪馬台国やヤマト建国と引き離すために、三世紀から四世紀にかけての歴史を、神話の天孫降臨、神武、崇神、応神の四つの時代に分解して語ったのである。

その結果、武内宿禰は「伝説」となり、「実在しなかった」というレッテルが貼られた。これでは『日本書紀』編者の思う壺ではないか。

武内宿禰の素性があやふやになってしまったことで、ヤマト建国の真相は、上手に闇に葬られた。残されたのは、「浦島太郎」という伝承であった。この話は、「真実を後世に伝えたい」という執念をもった誰かが、「説話」に仮託して言い伝えたものかもしれなかった。しかし、民話となって、面白おかしく語り継がれるようになって、これが「深刻な歴史」を孕んでいることなど、誰もが忘却してしまったのだ。

浦島の正体が忘れ去られたことで、被害を蒙ったのは、この本の主人公・継体天皇であった。なぜ継体がヤマトの王に求められたのか、この王の正体とはどのようなものだったのか、すべては忘れ去られた。

もっとも、戦前の皇国史観に対する反発が、継体天皇を「新王朝を樹立した大王」の地位に押し上げた。

だがしかし、実態は、ヤマト朝廷からの使者を前に、「なぜいまさら」といぶかしむ、正真正銘の田舎貴族だったのではあるまいか。しかし、継体を立ち上げなければならない一方的な論理を抱えていたのは、ヤマト朝廷の方であって、継体にすれば、まさしく「瓢箪《ひょうたん》から駒」だったと思えてならない。

なお、今回の執筆に当たっては、歴史作家の梅澤恵美子氏、PHP研究所文庫出版部の山田雅庸氏、PHPエディターズ・グループの井上光子氏にお世話になりました。あらためてお礼申し上げます。

合掌

〈参考文献〉

・『古事記祝詞』日本古典文学大系第1（岩波書店、一九五八年）
・『日本書紀（上下）』日本古典文学大系第67、68（岩波書店、一九六七、一九六五年）
・『風土記』日本古典文学大系第2（岩波書店、一九五八年）
・『萬葉集』日本古典文学大系第4～7
（岩波書店、一九五七、一九五九、一九六〇、一九六二年）
・『続日本紀』新日本古典文学大系12～16
（岩波書店、一九八九、一九九〇、一九九二、一九九五、一九九八年）
・『魏志倭人伝・後漢書倭伝・宋書倭国伝・隋書倭国伝（新訂版）』石原道博編訳
（岩波文庫、一九八五年）
・『旧唐書倭国日本伝・宋史日本伝・元史日本伝』石原道博編訳（岩波文庫、一九八六年）
・『三国史記倭人伝』佐伯有清編訳（岩波文庫、一九八八年）
・『先代舊事本紀』大野七三（新人物往来社、一九九〇年）
・『日本の神々』第1～13巻、谷川健一編
（白水社、一九八四、一九八五、一九八六、一九八七年）
・『神道大系　神社編』1～52（神道大系編纂会、一九七八～一九九二年）
・『古語拾遺』斎部広成撰　西宮一民校注（岩波文庫、一九八五年）

・『藤氏家伝　注釈と研究』沖森卓也、佐藤　信、矢嶋　泉（吉川弘文館、一九九九年）
・『騎馬民族国家』江上波夫（中公新書、一九九一年）
・『古代史発掘　6』小野山節編（講談社、一九七五年）
・『騎馬民族は来なかった』佐原　真（ＮＨＫブックス、一九九三年）
・『日本古代王朝史論序説』水野　祐（早稲田大学出版部、一九九二年）
・『継体天皇　第七回春日井シンポジウム』森　浩一・門脇禎二編（大巧社、二〇〇〇年）
・『古代王権の展開』吉村武彦（集英社、一九九一年）
・『応神天皇の秘密』安本美典（廣済堂出版、一九九九年）
・『京の社』岡田精司（塙書房、二〇〇〇年）
・『古代出雲王権は存在したか』近藤喬一、松本清張編（山陰中央新報社、一九八五年）
・『白鳥伝説』谷川健一（集英社文庫、一九八八年）
・『日本古代国家の形成と東アジア』鬼頭清明（校倉書房、一九七六年）
・『巨大古墳を造る――史話日本の古代』岸　俊男、大塚初重編（作品社、二〇〇三年）
・『折口信夫全集』第2巻、折口博士記念会編（中央公論社、一九五五年）
・『古代日本正史』原田常治（同志社、一九七六年）
・『東国と大和王権』原島礼二、金井塚良一編（吉川弘文館、一九九四年）
・『前方後円墳（増補新版）』上田宏範（学生社、一九九六年）

本書は、書き下ろし作品です。

著者紹介
関　裕二（せき　ゆうじ）
1959年、千葉県柏市生まれ。歴史作家。仏教美術に魅せられて足繁く奈良に通い、日本古代史を研究。古代をテーマにした書籍を意欲的に執筆している。
著書に、『逆転の古代史！』（廣済堂出版）、『沈黙する女王の鏡』（青春出版社）、『謎とき古代日本列島』（講談社）、『天武天皇　隠された正体』『封印された日本創世の真実』『検証　邪馬台国論争』（以上、ＫＫベストセラーズ）、『天孫降臨の謎』（ＰＨＰ研究所）、『古代史の秘密を握る人たち』『消された王権・物部氏の謎』『大化改新の謎』『壬申の乱の謎』（以上、ＰＨＰ文庫）などがある。

ＰＨＰ文庫　継体天皇の謎
古代史最大の秘密を握る大王の正体

2004年11月19日　第1版第1刷
2008年3月6日　第1版第9刷

著者　関　裕二
発行者　江口克彦
発行所　ＰＨＰ研究所
東京本部　〒102-8331 千代田区三番町3番地10
文庫出版部　☎03-3239-6259（編集）
普及一部　☎03-3239-6233（販売）
京都本部　〒601-8411 京都市南区西九条北ノ内町11
PHP INTERFACE　http://www.php.co.jp/
制作協力
組版　ＰＨＰエディターズ・グループ
印刷所
製本所　凸版印刷株式会社

ISBN4-569-66284-6

PHP文庫

逢沢　明　大人のクイズ
阿川弘之　日本海軍に捧ぐ
阿奈靖雄　「プラス思考の習慣」で道は開ける
綾小路きみまろ　有効期限の過ぎた亭主・賞味期限の切れた女房
飯田史彦　生きがいの本質
池波正太郎　霧に消えた影
池波正太郎　信長と秀吉と家康
池波正太郎　さむらいの巣
石島洋一　決算書がおもしろいほどわかる本
石原結實　血液サラサラで、病気が治る、キレイになれる
板坂　元　男の作法
稲盛和夫　成功への情熱―PASSION―
稲盛和夫　稲盛和夫の哲学
梅津祐良 監修 池上重輔 著　［図解］わかる！ＭＢＡ
瓜生　中　仏像がよくわかる本
江口克彦　上司の哲学
江口克彦　鈴木敏文 経営を語る
呉　善花　私はいかにして「日本信徒」となったか
大原敬子　なぜか幸せになれる女の習慣
小川由秋　真田幸隆

オグ・マンディーノ 菅 靖彦 訳　この世で一番の奇跡
オグ・マンディーノ 菅 靖彦 訳　この世で一番の贈り物
尾崎哲夫　10時間で英語が話せる
快適生活研究会　「料理」ワザあり事典
快適生活研究会　「冠婚葬祭」ワザあり事典
笠巻勝利　仕事が嫌になったとき読む本
風野真知雄　陳平
加藤諦三　「やさしさ」と「冷たさ」の心理
加藤諦三　自分に気づく心理学
金森誠也 監修　30ポイントで読み解くクラウゼヴィッツ「戦争論」
加野厚志　島津義弘
加野厚志　本多平八郎忠勝
神川武利　秋山真之
川北義則　人生、だから面白い
樺　旦純　運がつかめる人 つかめない人
菊池道人　斎藤一《はじめ》
紀野一義 文 入江泰吉 写真　仏像を観る
桐生　操　世界史怖くて不思議なお話
黒岩重吾　古代史の真相
黒鉄ヒロシ　新選組

黒鉄ヒロシ　坂本龍馬
黒部　亨　宇喜多直家
ケリー・グリーソン 楡井浩一 訳　なぜか、「仕事がうまくいく人」の習慣
小池直己　TOEIC®テストの「決まり文句」
小池直己 佐藤誠司　中学英語を5日間でやり直す本
甲野善紀　武術の新・人間学
甲野善紀　古武術からの発想
國分康孝　自分をラクにする心理学
兒嶋かよ子 監修　「民法」がよくわかる本
児玉佳子 須藤亜希子　赤ちゃんの気持ちがわかる本
木幡健一　「マーケティング」の基本がわかる本
小林正博　小さな会社の社長学
小巻泰之 監修 造事務所 著　図解 日本経済のしくみ
近藤唯之　プロ野球 遅咲きの人間学
斎藤茂太　「なぜか人に好かれる人」の共通点
齋藤　孝　会議革命
堺屋太一　組織の盛衰
坂崎重盛　なぜ、この人の周《まわ》りに人が集まるのか
坂田信弘　ゴルフ進化論
阪本亮一　できる営業マンはお客と何を話しているのか

PHP文庫

バーバラ・コロローソ／田栗美奈子 訳　子どもに変化を起こす簡単な習慣
浜尾　実　子供を伸ばす一言、ダメにする一言
浜野卓也　黒田官兵衛
晴山陽一　TOEIC®テスト英単語ビッグバン速習法
PHPエディターズ・グループ　図解「パソコン入門」の入門
日野原重明　いのちの器〈新装版〉
平井信義　親がすべきこと・してはいけないこと
福井栄一　上《かみ》方《がた》学
藤井龍二　「ロングセラー商品」誕生物語
北條恒一　〈改訂版〉「株式会社」のすべてがわかる本
保坂　隆　監修　「プチ・ストレス」にさよならする本
保阪正康　昭和史がわかる55のポイント
本間正人　「コーチング」に強くなる本
毎日新聞社　話のネタ
ますいさくら　「できる男」「できない男」の見分け方
ますいさくら　「できる男」の口説き方
町沢静夫　なぜ「いい人」は心を病むのか
松澤佑次　監修／駒沢伸泰　著　やさしい「がん」の教科書
松原惇子　「いい女」講座
松下幸之助　物の見方　考え方

松下幸之助　指導者の条件
松下幸之助　社員稼業
松下幸之助　商売は真剣勝負
松下幸之助　強運なくして成功なし
松下幸之助　道は無限にある
松下幸之助　商売心得帖
松下幸之助　経営心得帖
松下幸之助　人生心得帖
松下幸之助　素直な心になるために
的川泰宣　宇宙は謎がいっぱい
三浦行義　なぜか「面接に受かる人」の話し方
水上　勉　「般若心経」を読む
宮部みゆき　初ものがたり
宮部みゆき／安部龍太郎／中村隆資　他　運命の剣のきばしら
宮脇　檀　男の生活の愉しみ
向山洋一　編／大鐘雅勝　著　中学校の「英語」を完全攻略
向山洋一　編／石川裕美／遠藤真理子　著　小学校の「算数」を5時間で攻略する本
向山洋一　向山式「勉強のコツ」がよくわかる本
森本哲郎　ことばへの旅（上）（下）
守屋　洋　中国古典一日一言

安岡正篤　活眼活学
八尋舜右　竹中半兵衛
ブライアン・L・ワイス／山川紘矢・亜希子　訳　前世療法
ブライアン・L・ワイス／山川紘矢・亜希子　訳　魂の伴侶―ソウルメイト
山崎武也　一流の仕事術
山崎房一　心がやすらぐ魔法のことば
山崎房一　子どもを伸ばす魔法のことば
唯川　恵　明日に一歩踏み出すために
唯川　恵　きっとあなたにできること
唯川　恵　わたしのためにできること
ゆうきゆう　「ひと言」で相手の心を動かす技術
養老孟司／甲野善紀　自分の頭と身体《からだ》で考える
読売新聞大阪編集局　雑学新聞
リック西尾　英語で1日すごしてみる
竜崎攻　真田昌幸
鷲田小彌太　「やりたいこと」がわからない人たちへ
和田秀樹　受験は要領
和田秀樹　わが子を東大に導く勉強法
和田秀樹　受験本番に強くなる本
渡辺和子　愛をこめて生きる